图解商业模式

企业如何高效经营，提高利润

〔日〕池本正纯／著
耿丽敏／译

グラフィカルなビジネスモデル企業は効率的に事業を展開し利益を上げることができますか

人民邮电出版社
北京

图书在版编目（CIP）数据

图解商业模式 ：企业如何高效经营，提高利润 / (日) 池本正纯著 ；耿丽敏译. -- 北京 ：人民邮电出版社，2018.11（2023.3重印）
ISBN 978-7-115-49278-4

Ⅰ. ①图… Ⅱ. ①池… ②耿… Ⅲ. ①商业模式－图解 Ⅳ. ①F71-64

中国版本图书馆CIP数据核字(2018)第205064号

内容提要

本书是专门为在思考、构建新的商业模式的过程中遇到烦恼的商务人士编写的。本书用丰富的图解，分 4 章介绍了商业模式的定义、有代表性的商业模式的类型、企业事例及思考新商业模式所需要的技巧等内容。

本书适合企业商务人士及对商务模式感兴趣的读者阅读参考。

◆ 著　[日] 池本正纯
译　耿丽敏
责任编辑　李士振
责任印制　周昇亮
◆ 人民邮电出版社出版发行　北京市丰台区成寿寺路 11 号
邮编　100164　电子邮件　315@ptpress.com.cn
网址　http://www.ptpress.com.cn
天津千鹤文化传播有限公司印刷
◆ 开本：880×1230　1/32
印张：7.5　2018 年 11 月第 1 版
字数：238 千字　2023 年 3 月天津第 20 次印刷
著作权合同登记号　图字：01-2017-3708 号

定价：49.80 元

读者服务热线：(010) 81055296　印装质量热线：(010) 81055316
反盗版热线：(010) 81055315
广告经营许可证：京东工商广登字 20170147 号

前　言

最需要新商业模式提案的时代

最近，经常会听到一些来自商务人士的烦恼："公司领导让我思考一个新的商业模式，可是我完全想不出来，非常苦恼。"

我社所从事的业务是，制作出版从企业经营战略到个人技能的提升等商务相关的各类不同主题的图书、杂志专栏以及网络专栏。因此，经常在一些采访中，听到商务人士的类似上述的烦恼。

有这样烦恼的，不仅是企业开创新业务的员工，而且也不乏企业其他部门的员工或入职的新人等。同时，我社也确实增加了很多企业内部新商业模式构建项目的相关报道的撰写、制作等业务需求。

这几年，不仅企业的商业模式没有成为唯一，企业的生存也变得越来越艰难。这大概是越来越多的商务人士被企业要求提出新商业模式的原因。

但是，思考、构建新的商业模式并非简单的事情。全新的想法也不是那么容易就可以想出来的，就算想法新颖有趣，怎样产生利润、业务流程怎么规划等如何落实到现实的业务框架里也是一大难题。

那么，商业模式到底是什么？都有哪些具体的模式？仔细想想全是问题。

因此，我们想能否出一本谁都能看得懂的与商业模式相关的图书。于是，为了这些被商业模式的提案及构建而困扰的商业人士们，我们撰写了本书。

本书对商业模式的定义、应该了解的代表性的商业类型、企业事例及思考新商业模式所需要的技巧等进行了紧凑的梳理，并且为了便于读者的理解，加入了丰富的图解。

同时，为了保证内容的准确性，特邀在专修大学经营系及中央大学综合政策学系等教授论及风险经营管理等课程，还在专修大学成立职业生涯规划中心，并参与风险企业竞赛运营的池本正纯教授做监督指导。

本书作为面向被企业要求提出新商业模式的商业人士、正打算开拓新业务的企业经营者和企业家预备军以及正在学习商业模式的学生等所有有需求人士的商业模式的图书，如果大家能够经常把它放在手边，将是对本书作者最大的鼓励。同时，如果本书能够帮助更多的企业发展得越来越好，那将是我们的荣幸。

最后，特别感谢欣然同意为本书做监督指导的池本正纯教授，池本教授介绍的专修大学经济学系的田中隆之教授，以及无数次不吝赐教的Mynavi编辑部的陶山佳秀先生和在我们执笔受挫时给我们鞭策鼓励且在撰写方向上给出正确引导的Mynavi编辑部的田岛孝二先生。

CONTENTS

目录

图解商业模式

企业如何高效经营，提高利润

序 章 为什么需要新的商业模式

第一章 经营学中的商业模式

第三章　通过 17 个事例来解析最具话题性的企业的商业模式

第四章 构建新的商业模式所需要的条件

结束语

PROLOGUE

序　章

为什么需要新的商业模式

01 商业模式是什么

Point 在商业模式里，为顾客提供的价值、盈利模式、经营资源、业务流程4个要素必不可少

由4个要素构成的商业设计图=商业模式

本章主要阐述新商业模式被需要的原因。首先为商业模式进行定义。有关商业模式的定义有多种说法，本书以商业模式研究第一人著称的马克·约翰逊的想法为基础，认为商业模式是以4个要素构成的顾客价值和利润持续产生的商业设计图。以下是对这4个要素的具体说明。

商业模式是
由 4 个要素构成的商业设计图

为顾客提供的价值

提供产品或服务等，即可以解决顾客的难题

盈利模式

获取收入的过程及成本构成等，是获取利润的模式

经营资源

制造产品及提供服务所需要的“人力、物力、财力、信息”，如员工、原材料、店铺、工厂、知识经验等

业务流程

确保产品及服务等持续稳定地提供所需要的业务架构，如组织架构、店铺运营管理、人事制度等

看似复杂的商业模式，按照重要要素将其进行整理的话，可分为上述 4 个要素。当从这 4 个要素分析成功的商业模式时，将会更容易理解。

● **为顾客提供的价值**

提供产品或服务，即可以解决顾客的难题。

假设发现顾客有衣服上的污渍很难去除的难题，能够想到的解决方法有很多。例如，开发功能更强的洗衣机或洗衣粉等产品、开一家拥有高洗净技术的洗衣店、搜集整理好洗衣店信息并通过网络推送等。

● **盈利模式**

就算是好的产品或服务可以解决顾客的难题，但这还是不能满足商业成立的条件的。因为构建盈利模式是商业必不可少的条件。为了实现成本控制且利润最大化，应该怎样去销售产品和服务？又如何制造产品和提供服务呢？像这样获取利润的体系叫作盈利模式。

● 经营资源

经营资源指的是，制造产品及提供服务所需要的“人力、物力、财力、信息”。以汽车厂商为例，经营资源指的是技术人员、销售人员、工厂生产线、原材料、制造和设计的知识及经验等。又如，对于前面提到的洗衣行业，有能力的技术人员、性能好的洗涤剂、店铺等都属于经营资源。

● 业务流程

商业模式成立的另一个条件，就是必须持续稳定地提供产品或服务等。为此，成立商业必需的要素还有业务流程，简单来说，就是使用（运用）经营资源的方法。例如，为了确保业务能够高效执行，就要划分产品开发、设计和销售等组织。

各地区设立分支机构，配置人员并进行职责分工。另外，人才培训、成果主义的人事制度等也都属于业务流程。以干洗行业为例，其业务流程指的是为了提升技术人员积极性的考核制度以及合理的店铺运营管理制度等。

以上 4 个要素的关联性，可参看下页图解。

为了给顾客持续提供价值，企业需要应用企业内外部的经营资源，同时建立高效的业务流程，形成产生价值的体系。当然，作为商业模式成立的前提，这个体系必须是盈利的。

这一系列的模式，即所谓的商业模式。

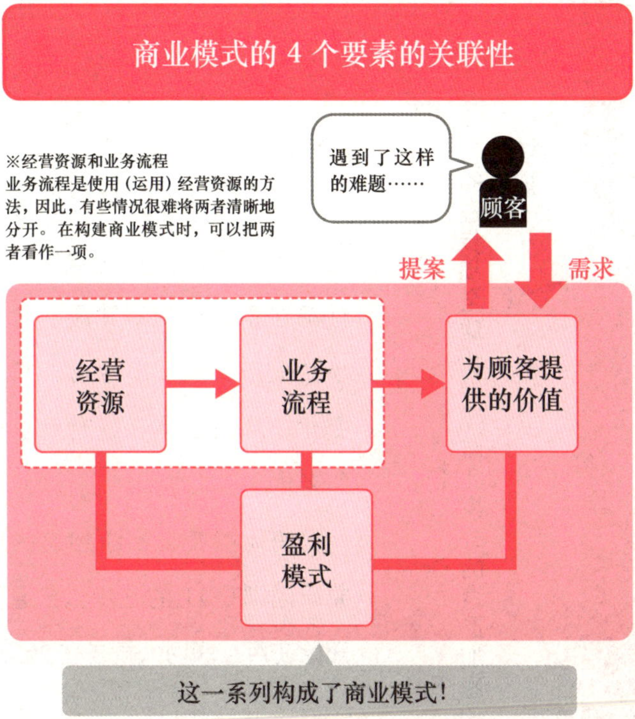

为了给顾客持续提供价值，企业需要应用企业内外部的经营资源，建立业务流程，形成产生价值的体系。作为商业模式成立的前提，该体系必须是可盈利的。

02 商业模式正在加速老化

Point IT的进步和全球化导致商业模式的衰退加速。新商业模式的需求持续增加

速度！速度！速度！

为什么新商业模式的构建和既有商业模式的重新构建的必要性都在不断增加？其最主要原因是企业所处的环境在日新月异地变化，从而加速了既有商业模式的老化。

使环境变化不断加速的最主要原因则是IT的进步。普通民众开始使用互联网大概是在20年前。

之后，随着信息流通的速度不断加快，信息流通的成本也变得越来越低。现如今，大容量数据的传送也成为可能，也可以与国外地区进行零成本的信息交换。

全球化！全球化！全球化！

就这样，IT 产业的发展壮大，一举推动了企业的全球化发展。

国界的门槛被无限地降低，人力、物力、财力的转移变得活跃起来。现如今，不仅是生产工厂，财务、人力、运营管理中心、设计、研发等一部分管理职能，也渐渐地被转移到成本低廉的国家。

并且，随着信息流通越来越活跃，发展中国家及中等发达国家的经济追赶速度也变得越来越快。数字化技术的发展也在不断加快。

在此之前，品质管理的关键，都在于“磨合的技巧”等无法用语言传达的“隐性知识”的作用。但是，随着信息技术的发展，越来越多的工程被标准化，隐性知识显性化。与此同时，企业被效仿和追赶也变得越来越容易。

追赶变得容易了，新的商业模式也很快就会被效仿，这也就意味着该商业模式老朽化和陈腐化。IT 行业越发达，全球化发展的推动也就越快，老化的速度也会随之加快，从而，企业很快就会失去其优势。

伴随着全球化的发展，所有国家都倾向于缓和自己国家对全球化发展有障碍的相关规定。国外企业进入日本市场也变得容易，房地产、金融、医疗等日本本土产业也陷入了与国外企业竞争的局面。随着国外企业以新的商业模式开始挑战日本市场，日本以往陈旧的商业模式已难以满足企业继续生存的条件了。因此，所有的企业都被迫对自己企业的商业模式进行全面检查。

商业模式的老化正在加速！

IT 的进步

计算机、互联网的出现，使信息流通量增大以及信息流通速度变快了

&

全球化

在世界的任何角落都可以瞬间获取信息，在哪里都可以办公

↓

竞争激烈化

国外企业进入本国市场变得更容易。竞争不是很激烈的行业，也逐渐被卷入竞争激烈的环境中。具有传统商业模式的企业面临被淘汰的时代已经到来

IT 的进步和全球化加速了商业模式生命周期衰退的速度。因此，企业需要不断地重建新的模式！

03

通过数字来看日本企业的危机感

Point 企业的可活跃平均年数已经从30年缩短至不到6.5年

现如今，企业最多可兴盛的年限已不到6.5年

随着商业模式老化的不断加速，一家企业的可兴盛年限也被急剧缩短。这样的趋势可以从数据上显现出来。

例如，据1983年的《日经商业》杂志记载，企业的总资产，可保持在前100名的企业的平均存续年数为30年。可据2009年的调查结果显示，可保持在排名内的存续时间缩短到了6年4个月。2009年的排名，是以企业股票市值的计算为依据的。两种计算方法虽然有所不同，但企业的活跃年数缩短的事实是确定的。

上市企业的倒闭数量也在增加。从日本帝国数据银行统计的日本倒闭企业来看，在 1964 ~ 1990 年的 27 年内，上市企业的倒闭数量累计有 706 家。数量最多的一年也不过有 9 家。到了泡沫经济崩溃后，1995 年左右开始，每年都有上市企业倒闭，2000 年有 15 家，2002 年有 22 家，2008 年有 45 家……可以说，所谓的“大企业不会倒闭”的传说也已成为过去式。

日本企业的利润率在急剧下降

从全球的角度，也可以看到日本企业在没落。例如，在 1989 年的全球市值排名中，前 10 名企业中有 8 家都是日本企业，因为当时日本经济正处于巅峰期。然而到了2012年，全球市值排名的前50名内却仅有1家日本企业——丰田了。

同时，通过对比利润率也可以看出日本企业的利润率在显著下降。例如，根据日本内务府《年度经济财政报告》(2006年度)，约4000家日本、美国以及欧洲地区的上市企业财务数据对比显示，在IT行业泡沫破灭后的2001年，从ROA(总资产收益率)、ROE(净资产收益率)两个指标来看，日本、美国以及欧洲地区没有显著的差异。可随着业绩的回升，其差异便逐渐明显起来。在2004年，欧美企业的ROA都达到了7%，ROE也达到了22%，而日本企业的ROA是5%，ROE也止步于16%。2008年受雷曼事件的影响，也只有日本这两个比率下降得最激烈。

日本企业的利润率在下降

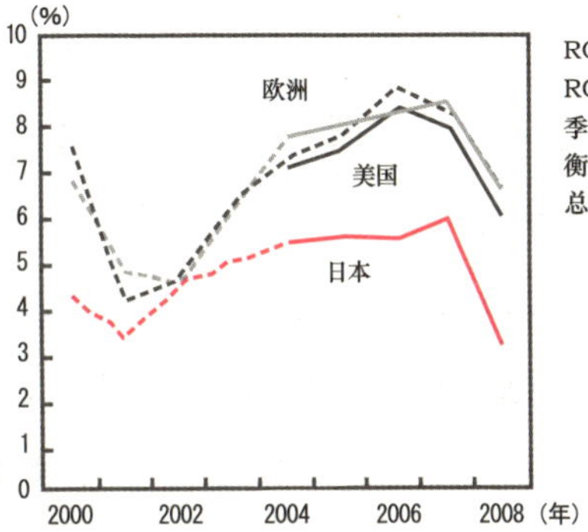

ROA（总资产收益率）
ROA 是用当季净利润除以当季总资产得到的数值，用来衡量企业投入的经营资源即总资产所带来的利润的效率。

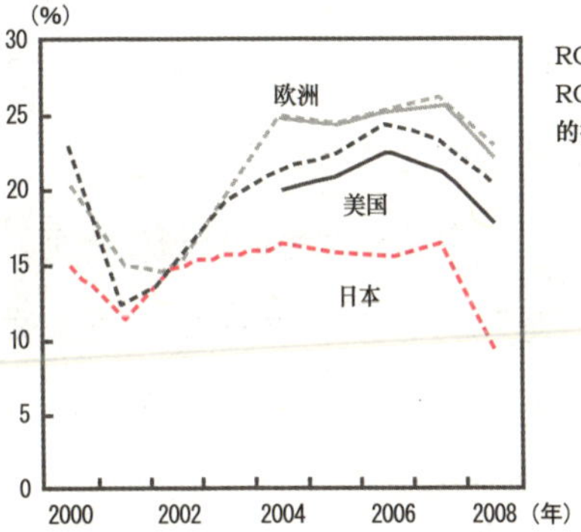

ROE（净资产收益率）
ROE 是反映企业利用股东的投资所带来收益的效率。

日本：(2000—2008 年) 东证上市公司 1958 家，(2004—2008 年) 东证上市公司 2392 家。
美国：(2000—2008 年) 上市公司 2936 家，(2004—2008 年) 上市公司 3966 家。
欧洲：(2000—2008 年) 原欧盟 15 个国家的 2205 家公司，(2004—2008 年) 同上市公司 3310 家。

出自：日本内务府《年度经济财政报告》(2006 年度)

04 传统的发展战略已不适用

Point 需求多样化，市场成熟化，企业的发展战略需要重新考虑

好的产品无条件销售的时代

重建商业模式的必要性越来越强的主要原因是，传统的发展战略已经无法发挥出预期的效果。企业和产品同样都会经历“创业期—成长期—成熟期—衰退期”的生命周期，同样的业务以同样的方式一直持续下去的话，它的衰退期必然会到来。

企业在考虑商业模式之前，为避免其进入衰退期的代表性方法之一是让产品或服务变得令世人

瞩目。但这并不代表要去采用特殊的方式，只要一直努力做到价格合理、品质好就够了。

例如，汽车厂商只要能生产出价格便宜、油耗低、外观漂亮、不容易出故障的汽车，就可以持续地完成销售，正如日本人“一亿总中流”（是20世纪60年代在日本出现的一种国民意识，即在终身雇佣制下，90%左右的日本人都自认为是中产阶级）的说法，人们的生活方式都是相似的，不仅是汽车，想要的东西其实都是共通的。所以，由于巨大单一的中产阶级市场一直存在，在20世纪80年代前后，企业只要专注于让自己的产品性能能够比竞争对手提升一点点，就不会有衰退等危机出现。

多元化战略的失败

企业为了再一次实现成长期的另一个代表性的方法是业务多元化。

例如，铁路公司看到铁路沿线客源的拓展出现瓶颈，就会开发酒店、游乐场、餐厅及度假村等。

在 20 世纪 80 年代或 90 年代，兴起过一阵子新业务开拓及企业内部创业的热潮，无论是赚钱的企业还是业绩下滑的企业全都开始挑战企业的多元化。

但是，新产品开发和业务多元化的成功率在逐渐降低。其原因是，人们的价值观开始变得多样化。例如，收入增加了就一定要购车是之前大多数人的消费观念，但现在这些人的消费观念逐渐出现了转变，认为收入增加了也不一定要买车。同时，随着日本经济越来越景气，全球的顶级产品和服务也都陆续涌进，这也导致了日本国内的产品和服务陷入了存在感越来越低的局势。业务多元化，即进入与自己企业本行无关的新领域，变得很难成功。

在这样的环境下，所有企业都面临业绩难以提升的困境，也开始意识到自己的发展战略与市场环境开始脱节。因此，大家不得不开始摸索企业发展的新方法。

别人是别人，我是我。别人有的不代表我也想要

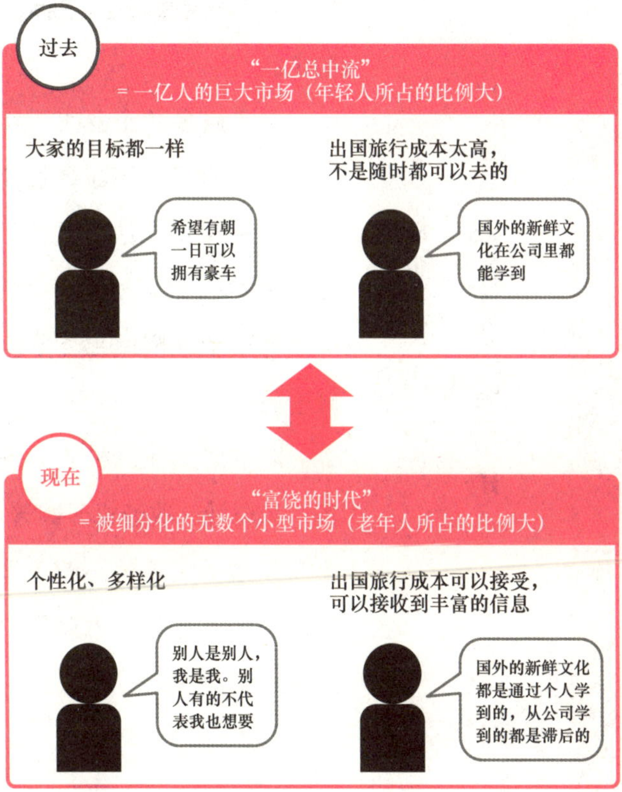

PROLOGUE

05

IT企业所示范的商业模式的威力

Point 以IT企业为标杆，进行商业模式的再构建

经历衰退后重振并实现大幅增长的企业

越来越多的企业为了实现再次提升的目标，不断寻找商业模式创新的契机，从而引领了新商业模式的互联网企业不断诞生，而这些企业又瞬间抓住了全世界顾客的心。

以书店的商业模式为例，其实，从电视、收音机开始普及起，书和杂志的销量就不断下滑，因此经营书店也被称为典型的衰退产业经营。

日本书店的数量在不断减少，1988 年约有 2.82 万家，到 2002 年减少至 2.27 万家。不仅在日本，在各发达国家也有类似的情况发生。

但互联网风险企业亚马逊却将眼光定向在那些卖不出去的书上。亚马逊认为，书不好卖的原因是顾客在需要的时候找不到书的库存。也因此，亚马逊决定创建一家可以囊括全世界图书的线上书店。

从结果来看，这个策略是成功的，现在的亚马逊已然成长为国际化的大型企业。并且，其店铺的品类也从单纯的图书拓展到全类目产品。

实现了企业上市的新型书店

通过新型商业模式在书店行业取得成功的不仅仅是互联网企业，单看日本也有几家以图书而取得成功的企业。

将二手书书店连锁化的运营企业 BOOKOFF CORPORATION LIMITED 现在已经成长为日本东证一部的上市企业。另外一家企业 Village Vanguard 打出的是书和杂货结合的"可游玩书店"的经营概念，同样取得了成功并已实现了在 JASDAQ 证券交易所上市的目标。

也就是说，衰退的虽然是街上的实体书店这个商业模式，但只要改变商业模式，卖书也可以实现企业上市。通过以互联网为手段的新商业模式，与亚马逊同样取得了成功的服务和企业都在不断涌现出来。

像这样，将人们身边的服务转换成商业模式实现很大提升的企业案例不断出现在眼前，越来越多的企业都意识到了商业模式转换的重要性。

BASIC

第一章

经营学中的商业模式

BASIC

01

商业模式成为话题的契机

Point 商业模式成为话题的主要契机是『发现利润区』(*The Profit Zone*)和『商业模式专利』

商业模式开始被关注是在20世纪90年代后半叶

无论是要革新既有的商业模式，还是创建新的商业模式，都需要对商业模式有深入的了解。首先我们来看看，经营学者和经营思想家们是怎样看待商业模式的。

“商业模式”这个词是从20世纪90年代后半叶被日本国内外的经营学者及经营思想家开始关注的。距离今天，“商业模式”其实也并不是很久远的话题。

当然，在此之前学者们也都知道，多数企业的商业模式都是相同的，也了解有很多企业通过创建独特的业务体系而取得了成功，只是没有学者把这种现象按照商业模式或类似于商业模式的形态进行理论化和体系化。

《发现利润区》是商业模式解说图书的先驱

到了 20 世纪 90 年代后半叶，出现了将多个企业相同的商业模式进行体系化的学者。其中的先驱者就是曾被美国杂志《工业周刊》（*Industry Week*）选为“经营思想六位贤人之一”的亚德里安·J. 斯莱沃斯基。

作为经营战略咨询人的亚德里安·J. 斯莱沃斯基，在调查企业成功案例时，发现 Re-Inventor（商务的重新构建者）等人使用的产生利润的商务体系都有共通性。之后，他便与自己的盟友大卫·J.莫里森共著了1997年在美国出版的《发现利润区》一书。本书中明确了利润获取模式的存在，并列举了22种模式类型。这些利润模式跟商业模式非常相似，亚德里安·J.斯莱沃斯基也认为这两者意思相近，并在自己的著作中多次使用了“商业模式”这个词汇。

20 世纪 90 年代后半叶，美国涌现了很多以应用基于 IT 新型商业模式而实现快速增长的企业。因此，当人们在表达大型商务架构时，使用“商业模式”这个词语，会让读者们感觉更贴切。而当《发现利润区》一书在美国畅销后，读者开始遍布全世界，这也成了让学者到商务人士等各阶层人士开始意识到商业模式的契机。

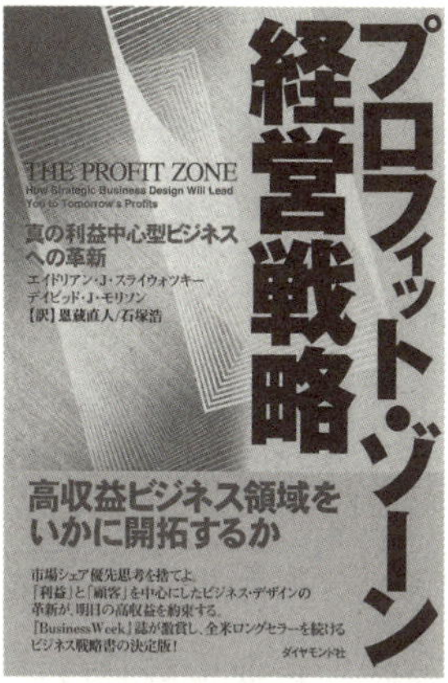

《发现利润区》(*The Profit Zone*)
亚德里安·J.斯莱沃斯基/大卫·J.莫里森(著)、恩藏直人/石塚浩(译)、Diamond社出版

商业模式专利开始被重视

商业模式在学者当中开始备受关注的另外一个契机是商业模式专利。

以前在美国，商业模式作为专利是不被认可的。但是在1998年美国道富银行的起诉案中，法院首次认可了商业模式是专利的说法。此后，将商业模式进行专利申请的企业快速增多。

虽说商业模式是一种商业手段，但实际上，被认可属于专利的只是其利用 IT 的那一部分业务，而并非业务架构整体。事实上，人们对商业手段和架构的关注度也确实在不断地提高。

以商业模式申请专利的方式也流传到了日本，在日本，将自己的商业模式进行专利申请的企业开始快速增多。其实，美国的官方说法不是商业模式的专利，而是商业手段的专利，可不知为何，到了日本就成了商业模式的专利。实际上，在日本申请专利且最终被认可的企业非常少，因此，企业以商业模式进行专利申请的热度也就随之下降了。不过，商业模式这个词汇得到了广泛的关注。

从此，日本乃至全球关注商业模式的经营学者和经营思想家开始不断增多。

商业模式分别自 20 世纪 90 年代下半叶和最近开始被关注，这是因为商业模式跟 IT 行业的进步、全球化的影响是相关的。

02

在商业模式中的经营学者们

Point 关于商业模式的定义多种多样，但易懂实用的是马克·约翰逊的定义

商业模式就是多个要素的组合

从2000年左右开始，“商业模式”这个词在全球已经开始被理所当然地使用。但是，这个词到底指的是什么，却依然没有一个明确的定义。因此，很多经营学者和经营思想家都纷纷开始对商业模式进行定义。

对于具体的定义，在此为大家介绍一些主要的说法。

主要的商业模式定义 (除日本外的其他国家地区)

琼·玛格丽塔(2002年)

- 用一句话说就是故事,即讲述怎么做公司才能够顺利发展的概要

➡好的故事包含三项:细致的人物描述、有说服力的动机和用能够看穿价值的洞察力而想出的构思

阿兰·奥佛尔(2003年)

- 为了提供顾客所需要的价值而进行的Which、How、When的活动组合

亨利·切斯布朗(2006年)

- 将想法和技术联结到经济结果而需要的架构

马克·约翰逊(2010年)

- 表现了商业是如何创造、提供对顾客和企业双方价值的模式
- 定义了企业该怎样向特定群体的顾客提供价值并获取收益

➡可以分为为顾客提供的价值、盈利模式、经营资源、业务流程这4个要素

亚历山大·奥斯特瓦德、伊夫·皮尼厄(2010年)

- 理论地表述了如何创造价值和怎样提供给顾客

➡可分为主要行动、价值提供、顾客的划分、与顾客的关系、渠道、资源、合作伙伴、成本构成及收益模型九大要素

主要的商业模式定义（日本）

国领二郎（1999年）

- 以对应4个课题的业务方向为设计思想

· 给谁提供怎样的价值

· 这个价值以何种方式提供

· 在提供价值时所需要的经营资源可以以什么方式搜集

· 对所提供的价值需要以何种收益模式来收取对价

根来龙之、木村诚（1999年）

- 业务活动的整体架构的模型。由战略模型、运营模型及收益模型3种模型构成

1．战略模型

针对什么样的顾客、赋予怎样的魅力和提供什么样的产品的表述模型

2．运营模型

为实现战略模型而需要的基本运营体系的表述模型，即资源和活动的组合

3．收益模型

确保业务活动的利润等收入的获取方式及成本构成的表述模型（盈利模型）

很多学术专家及咨询专家都尝试给“商业模式”一词进行定义。详细部分虽各有差别，但是在“为顾客提供价值而需要的架构”这一点上基本一致。

将每个人的定义进行比较后发现，大多数学者和思想家都认为“商业模式是多种要素的组合”。但是，针对这些要素，每个人的定义中有相同的部分，也有不同的部分。

其中，被认为最容易理解且最容易进行商业应用的是战略咨询专家马克·约翰逊的定义。

另外，亚历山大·奥斯特瓦德和伊夫·皮尼厄因创建商业模式的分析工具“商业模式画布”也备受人们关注。

这两类学者专家几乎同时期出版了各自的著作，针对其想法的具体解析，将从下一页开始进行详细解说。

03

马克·约翰逊的4只箱子

Point 马克·约翰逊所提倡的商业模式由4只箱子构成，是商业对顾客和企业双方的价值应如何创造、提供的表现形式

应用自己的战略咨询经验，对商业模式进行分解

马克·约翰逊用最简单易懂的分解说明了商业模式。

他是咨询公司 Innosight 的创始人。该公司的联合创始人是以著作《创新者的窘境》而闻名的创新界的权威、哈佛商学院教授克莱顿·克里斯坦森。

马克·约翰逊自 2000 年创业以来，一直负责以创新为基础的战略咨询。

他在实际工作中意识到，在讨论商业模式的时候没有共通语言是有问题的。因此，在应用实际经验的同时，他与克莱顿·克里斯坦森等人一同执笔撰写了有关商业模式创新的论文。该论文曾获得了《哈佛商业评论》杂志的麦肯锡奖。随后，以该获奖论文为基础，进行补充删改而成的著作《掌控白色空间》（*Seizing the White Space*）被全球读者广泛阅读。

商业模式是由4只箱子构成的

首先，马克·约翰逊将商业模式定义为“商业对顾客和企业双方的价值应如何创造、提供的表述形式”。在此基础上，马克·约翰逊说明商业模式是由4只箱子（构成要素）构成的，具体内容如下。

- **为顾客提供的价值**

为解决顾客的重要问题和课题的提案。除了产品或服务，该产品或服务的销售方式也是为顾客提供价值的关键。

- **盈利模式**

能够确保企业及股东利润的体系，如收益模型、成本构成等。

- **经营资源**

为了实现为顾客提供的价值所需要的人才、技术、产品、场所及设备、交货供应商、流通路径、资金和品牌等。

- **业务流程**

制造及开发、销售、服务、员工培训、制定预算、商业发展计划等所有需要重复进行的业务。

马克 · 约翰逊
商业模式的 4 只箱子（构成要素）

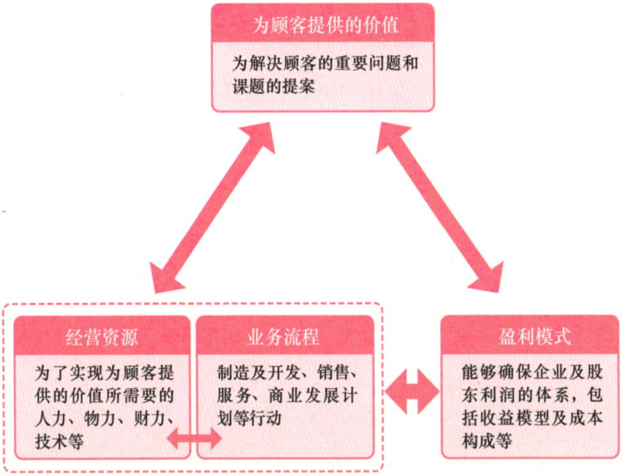

※将经营资源和业务流程放在一个框里是因为这两项契合与否是决定商业模式成功与否的关键

※引用自《发现利润区》，部分加工

当 4 个要素相互契合时，商业模式才能为顾客提供价值，为企业带来利润。想要构建成功的商业模式，这 4 个要素缺一不可。

当提到商业模式时，只想到盈利模式的人并非少数。但马克·约翰逊的主张是，在实践当中必须是这4个要素的组合才是商业模式。

他说过，4个要素中无论缺失哪一个，这个商业模式都无法顺利进行。换句话说，在构建商业模式时，如果能把4个要素协调好，就算没有创新性，其成功的概率也会提升。

如果其他企业的商业模式也按照这4个要素进行整理和运作的话，就能了解该企业的整体情况。下一页会分解LCC的先驱者美国西南航空的商业模式。不单只看一家企业的模式，通过与同行业其他企业的对比参照，其区别也会非常明显。

在本书中所阐述的商业模式定义的内容，也参考了马克·约翰逊对商业模式的定义。

美国西南航空公司 用 4 只箱子模式进行分解

为顾客提供的价值

· 面向不需要航空公司原本提供热情服务的短距离移动用户，其服务彻底地被削减，并导入机票的直销机制，提供快速、廉价的移动手段

※美国西南航空公司是美国的航空公司，被称为是 LCC（低成本航空）的先驱者，以自 1973 年开始飞行以来持续盈利的优秀航空公司被人们所知

经营资源

· 飞机的机型只有一种
· 采用网络购票方式
· 使用城市近郊的小规模机场
· 使用未加入劳动者工会的飞行员

业务流程

· 飞机维护流程标准化
· 提高飞机的运转率
· “点对点”型的航线
· 不采用预订座位制度

盈利模式

· 降低费用（机票直销，没有追加服务）
· 减少直接成本和间接成本
· 利润率控制在个位数
· 提高经营资源的回转率

※引用于《发现利润区》，部分加工

通过 4 只箱子的分解，我们可以清楚地了解到美国西南航空商业模式的全貌和优秀程度。而且，该公司的商业模式属于无增值型的商业模式。

04

亚历山大·奥斯特瓦德和伊夫·皮尼厄的『商业模式画布』

Point 将商业模式的构成要素细分为9个，同时开发了可以找到9个要素相互关联的工具

《商业模式新生代》（*Business Model Generation*）开始被关注

因创建了商业模式的分析工具“商业模式画布”而备受人们关注的亚历山大·奥斯特瓦德和伊夫·皮尼厄，将商业模式分解为9个要素，比马克·约翰逊对商业模式的分解更精细。

这两个人分别是瑞士HEC洛桑大学信息系统管理学院教授（伊夫·皮尼厄）和学生（亚历山大·奥斯特瓦德）。他们是在亚历

山大·奥斯特瓦德完成关于商业模式创新的论文并获得了博士称号后开始一起工作的。

据说是因为在一个学习会上他们被问到“有没有关于如何创建商业模式的方法论的图书”，才想到要共同执笔撰写图书的。

他们经过 9 年的研究，在 2010 年出版了《商业模式新生代》一书。此书介绍了商业模式的分析工具“商业模式画布”。

他们将商业模式细分化、可视化

他们对商业模式的定义是“对如何创造价值以及如何将价值送达给客户进行的理论性的阐述”。这跟马克·约翰逊的定义没有特别大的差别。

差别只在于其商业模式的构成要素不同，他们认为商业模式可分为以下 9 个要素。

- **价值提供**

  能够为顾客提供什么样的价值（产品或服务）。

- **主要行动**

  将价值提供给顾客所需要的行动、动作。

- **顾客的划分**

  给什么样的顾客（群体、市场）提供价值。

- **与顾客的关系**

  需要与顾客建立什么样的关系，如专职负责人、社区等。

- **渠道**

  如何将价值提供给顾客，如店铺或线上商店等。

- **资源**

  执行商业模式所需要的资产，如人力、物力、财力等。

- **合作伙伴**

  商业模式中所需要的合作伙伴或供应商。

- **收益模式**

  以什么样的方式获取收入，如销售产品、使用费等。

- **成本构成**

  商业模式运营过程中所发生的所有成本。

利用以上 9 个构成要素，将商业模式可视化的工具是商业模式画布。

亚历山大·奥斯特瓦德和伊夫·皮尼厄的“商业模式画布”

商业模式画布是将商业模式分解为 9 个构成要素后进行可视化的工具

<table>
<tr>
<td rowspan="2">KP
合作伙伴
支持主要行动和资源的业务合作伙伴或供应商</td>
<td>KA
主要行动
价值提供所需要的行动</td>
<td rowspan="2">VP
价值提供
为顾客提供的价值（产品或服务）</td>
<td>CR
与顾客的关系
与顾客的沟通方式</td>
<td rowspan="2">CS
顾客的划分
顾客定向</td>
</tr>
<tr>
<td>KR
资源
执行商业模式所需要的资产</td>
<td>CH
渠道
销售、流通的路径</td>
</tr>
<tr>
<td colspan="2">C$ 成本构成
因主要行动、资源、合作伙伴而产生的成本</td>
<td colspan="3">R$ 收益模式
获取收益的方式</td>
</tr>
</table>

※基于《商业模式新生代》制作，部分加工

这 9 个要素的位置布局是也有它的意义的，例如，将“价值提供”放在中央，左侧的三项（主要行动、资源、合作伙伴）是价值提供所必需的要素；右侧的三项（与顾客的关系、渠道、顾客的划分）是将价值提供至顾客之后会有关联的部分；而最下面的两项展现的是支持以上各项的“成本构成”和“收益模式”。

像这样将商业模式细化分解多个要素后进行可视化分析，无论是梳理自己企业原有的商业模式，还是分析其他企业的商业模式，都会更容易掌握其整体情况。

另外，在构建商业模式的时候，只要在商业模式画布中填充相关的要素，就直接形成了商业模式设计图。

顺带提一句，《商业模式新生代》一书的作者实际上并不只是亚历山大·奥斯特瓦德和伊夫·皮尼厄两个人，而是他们在网上创建了与对该主题感兴趣的人共享著作的会员制平台，与平台上的 470 位会员共同完成这本著作的。该平台本身也可以说是让人非常感兴趣的商业模式之一。

免费电话 Skype，用商业模式画布进行分析

KP 合作伙伴	KA 主要行动	VP 价值提供	CR 与顾客的关系	CS 顾客的划分
·结算公司 ·流通公司 ·电话公司	·软件的开发	·使用网络的免费视频电话 ·可以拨打固定电话或手机的廉价电话	· 大量客制化	·全球的互联网用户 ·想打电话的人
	KR 资源 ·软件的开发 ·软件		**CH 渠道** ·Skype.com ·与头戴式接听器的厂商业务合作	

C$ 成本构成	R$ 收益模式
·软件开发 ·投诉对应	·免费 ·Skype 信用 ·头戴式接听器

※引用自《商业模式新生代》，部分加工

Skype 通过免费版产品服务来增加使用者的免费增值型商业模式而获得成功。支持免费电话的商业模式架构可以梳理成一张以上的图来展示。

什么是好的商业模式

Point 好的商业模式是『自己的顾客稳定，而其他企业加入门槛高』的模式

构建可持续的商业模式

在本书第 50 页提到过，好的商业模式就是马克·约翰逊的 4 只箱子都配备齐全的模式。但仅仅这样可能过于抽象，那么好的商业模式到底是怎样的呢？

在新业务研究领域名望很高的哥伦比亚商学院教授丽塔·冈瑟·麦格雷斯（Rita Gunther McGrath）列举了好的商业模式需具备的如下几个必要的条件。

好的商业模式和不好的商业模式的区别

好的商业模式

- 使用过一次产品或服务的顾客就能够成为固定顾客
- 其他企业想加入，但加入的门槛高

（作为商业模式的消费期限长）

↕

不好的商业模式

- 顾客的使用或购买多以单次告终，无法获取持续收入
- 很容易被其他企业效仿

（作为商业模式的消费期限短）

在现实情况下，要创建出好的商业模式并非易事。但一直重复继续着传统的模式，只会让企业越来越“走下坡路”。

那么，为了构建好的商业模式应该怎么做？本书第二章将给出启发。

第二章

必修！理解 12 种类型的商业模式

01 商业模式的创新要从了解其常见类型开始

Point 大部分商业模式都是基于既有的商业模式加工而形成的

值得记住的商业模式的类型

想要形成新的商业模式需要从何处着手呢？我们的建议是，了解已经存在的各种类型的商业模式。

能够做到从零起点创建出具有划时代意义的新商业模式的仅限于一小部分企业。实际上，每一位先驱者也都是通过加工既有的商业模式，进而思考出了新的商业模式的。也就是说，我们脑子里装进了多个不同的模式后就会深受启发，更容易想出新的模式。

或许有些人认为，商业模式是每个企业都有的，且不同的企业有着不同的商业模式，想要理解和掌握所有商业模式的类型是不可能的。但实际上，每个企业的商业模式表面看起来不同，但实际上，其在使用过程中存在交集的情况也很多。

本书第二章中为大家介绍的商业模式类型都是具有代表性的，可以说只要掌握了这些类型，我们基本就了解了所有企业的商业模式，从而可实现创建自有模式。

我们基于各种学术专家对商业模式的解说，然后对多种不同的商业模式进行梳理，进而总结出了主要的 12 种商业模式。

首先，这 12 种商业模式都满足以下三个条件。

● 各个行业都采用过的商业模式

我们认为使用单一行业成功的商业模式相对比较困难，因此选择了各个行业都引入的模式。

● **现在仍被应用的商业模式**

筛选掉已经不顺应时代的商业模式，精选出最近备受关注的，或者很早就存在但现在依然被使用的商业模式。

● **可预见有持续性的商业模式**

很快就无法持续赚钱的商业模式不算是好的商业模式。在这里我们为大家介绍的每个类型都是可以持续获取利润的商业模式。

针对这12种类型的商业模式，也许会有人质疑称它们为“商业模式”是否合适。但本书的目的是提供创建商业模式的思路，因此，基于此目的，我们把认为有效的商业模式的类型尽可能地进行整理并分享。

具体想列举的企业事例，将在本书第三章中详细介绍。如果能够将这些内容都灌输到头脑中，相信我们可以创建出新的商业模式。

值得记住的12种类型的商业模式

序号	商业模式	页数
01	多方平台型	P68
02	长尾型	P74
03	吉列模型	P80
04	免费增值型	P86
05	无增值型	P92
06	非绑定型	P98
07	SPA 型	P104
08	开放式商业型	P110
09	O2O 型	P116
10	现收现付型	P122
11	加盟型	P126
12	BTO 型	P132

本书将详细介绍上述商业模式的内容。在图解页，为了便于读者理解每种商业模式的特征，本书将这4个构成要素中的可提供的价值和盈利模式两个要素以要点形式进行了总结。其他两个要素——经营资源和业务流程，与每个企业的特色关联较强，将在第三章企业事例部分进行补充说明。

02

多方平台型

提供大家都想使用的『场所』的企业的成功商业模式

Point 以创建买卖交易及信息交换的场所来获取利润

购物中心、SNS、游戏机……场所多种多样

“多方平台”是在哈佛商学院副教授安德烈·哈吉在2006年提出后而被广泛关注的用语。简单来说，“多方平台”指的就是提供场所（平台）的商业模式，创建以买卖或信息互换等为目的的场所，将买方或卖方等持有各种需求的人或企业聚集在一起。而人或企业通过在平台中的活动以及

多方平台型指的是
创建以买卖或信息交换为目的的场所，通过开店手续费及销售佣金提成来赚钱的商业模式

例　日本乐天（Rakuten）

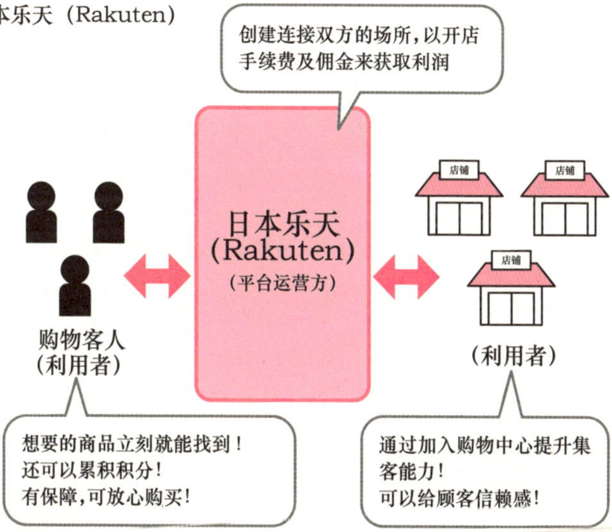

要点

可提供的价值

与有需要的人或企业相遇，相互匹配的场所。

盈利模式

加入平台的手续费、开店费及销售佣金提成等。

※4 个构成要素中的可提供的价值和盈利模式在要点处解说。其他的两个要素经营资源和业务流程，因与每个企业的特色关联较强，将在第三章企业事例部分进行补充说明。

利用者的相互匹配来获取利润。

作为场所，最容易理解的例子就是购物中心。将那些想在客流量大的场所做生意的小店聚集起来，然后吸引那些想在一个综合的场所舒适购物的人群。作为东家的商场运营方，可通过店铺的场所使用费或销售佣金提成等获取利润。如下页图示整理，Wii 等游戏机及信用卡等也都可以算是场所。

最近，应用互联网的多方平台也在不断增多，其中最典型的事例就是日本乐天（Rakuten）等互联网购物平台。除此以外，还有 Facebook 及 Mixi 等 SNS、谷歌等搜索引擎、苹果的 iTunes Store、雅虎拍卖、OKweb 及 Cookpad 等信息类网站都属于这一类。

扩展到各个行业领域的多方平台

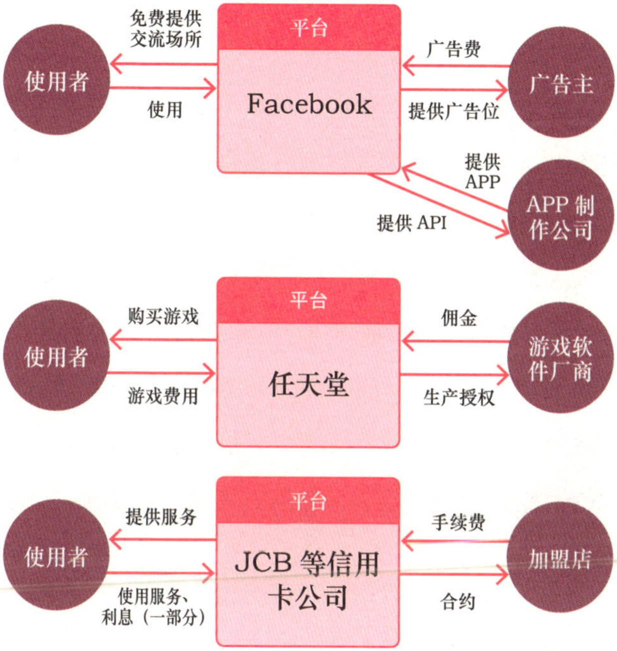

平台本身之前就存在，随着互联网的普及，网络购物中心及Facebook 等的 SNS、搜索引擎等信息网站陆续新“登场”。

通过“网络效应”可以获取高利润

越来越多的企业纷纷开始使用多方平台是因为只要能够引起网络效应（网络外部性），就可以获取巨额收入。

简单来说，网络效应就是聚集的人或企业越多，平台的价值就越高，就能够再聚集更多的人和企业的效应。例如购物中心，其优良店铺越多，购物中心的魅力值就越高，就会有更多的人聚集在这里。这样，店铺的生意兴旺，购物中心运营方就可以坐收店铺租金、销售佣金提成等收益。而且集客越多，更多的人气店铺也都想加入该平台开店。只要进入这样的良性循环，那么平台的收入就会像滚雪球一样源源不断地增长。

随着平台上聚集的人越来越多，新的商机也会随之出现。如果是购物中心的话，其业务就会扩展到餐饮和停车场等；如果是 SNS 和信息网站的话，其就可以考虑开始增加广告和用户付费的服务。

像这样，企业就可以通过各种方式来赚钱。

当然，建成这样的平台并非易事，企业需要不断地提升平台自身的魅力、价值，必须让用户感受到使用这个平台能够有对其有利的事情发生。

然而，当一个大平台失去了魅力，而其他平台将该平台用户全部带走的情况也时有发生。在电视游戏机和 SNS 等行业，大家一定见过类似的情况。因此，通过不断努力，让平台持续拥有吸引用户的魅力是必不可少的。

03

长尾型

代表性的企业亚马逊（Amazon）有效利用『滞销产品』的商业模式

Point 以创建买卖交易及信息交换的场所来获取利润

不用20%的畅销品，而选择80%的滞销品来赚钱

配备商品时，不单单是畅销的商品，还要包括大量的滞销品，从而创建什么商品都有的场所，以此带来的结果是可以获得广泛的顾客群体，从而获得稳定的收入。

“长尾”是美国杂志《连线》（*Wired*）总编辑克里斯·安德森提倡的商业模式。如下页图所示，将互联网上的销售收入以销售数量为纵轴，销售商品为横轴，进行图表化展示便能够看到，左边

长尾型指的是通过将不太畅销的滞销品和那些有需求的人进行匹配，以提升销售额的商业模式

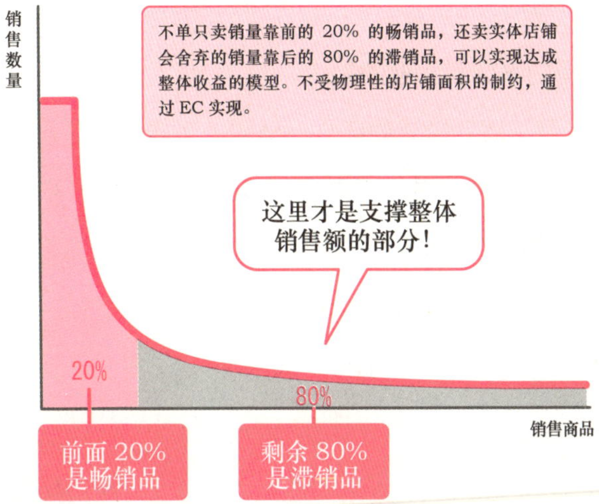

※参考 2006 年度《信息通信白皮书》(总务省)

要 点

可提供的价值

稀缺产品等什么都可以买到。

盈利模式

成为要什么有什么的场所，提升集客能力，用EC网站、平台化等方式来控制成本。

的是最受欢迎商品及热销商品，其销售额颇多，就像恐龙在“昂首”，可一往右边就出现了急剧下滑，销售额微乎其微，就像恐龙“长长的尾巴”一样不断延续着。正所谓“聚沙也可以成塔”，这些滞销品的销售额的累积，有朝一日也能够足以对抗畅销品的销售额，甚至超越畅销品的销售额。

填补未得到满足的顾客的需求

“长尾型”商业模式的成立，基本上仅限于互联网行业。

众所周知，传统的小商品店基本上只会销售一小部分的人气商品，因为有店铺面积及库存成本等物理因素的限制。如果把那些一年都未必能卖出去一个的商品摆放在店铺，就会发生没有空间摆放其他好卖商品的情况。

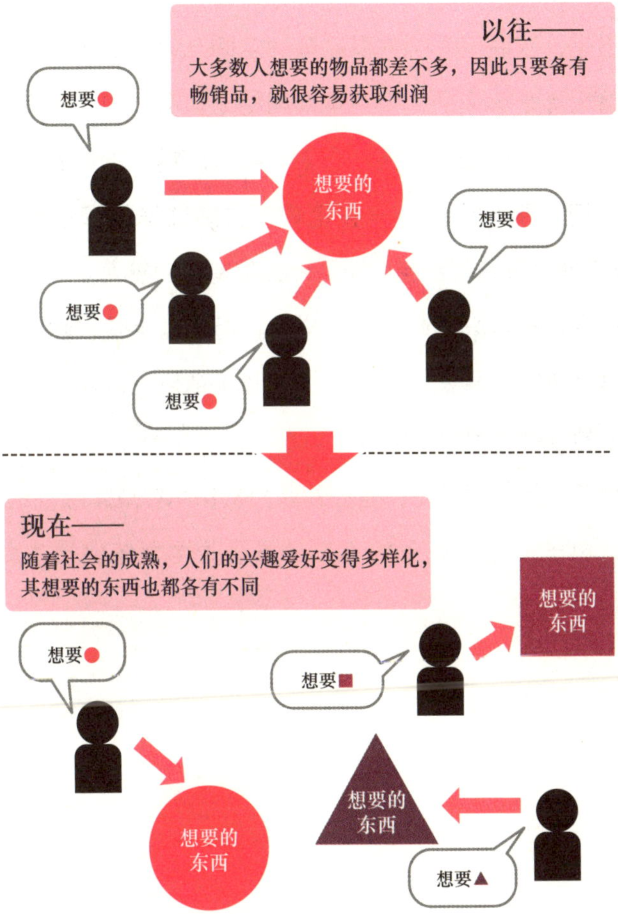
以往——
大多数人想要的物品都差不多，因此只要备有畅销品，就很容易获取利润
想要●
想要的东西
想要●
想要●
想要●
想要●
现在——
随着社会的成熟，人们的兴趣爱好变得多样化，其想要的东西也都各有不同
想要●
想要■
想要的东西
想要的东西
想要的东西
想要▲

因此，像 Seven-eleven 等基于 POS 数据的销售管理方式，也就是只摆放畅销商品的方式，成了最合理的商业模式。

但是，互联网店铺的商品陈列空间可以说是无限大的。虽然实体仓库是必要的，但在电商网站上，商品图片和商品说明几乎可以永远无限地被展示出来。实体店铺不幸购进的滞销商品，在网络平台也可以一直销售下去。这样就可以产生一种“那里不是仅有畅销商品，而是什么都有”的魅力。

如今，顾客兴趣越来越多样化，而能满足其兴趣的畅销商品很难产生。如果通过互联网进行长尾销售，以往无法满足顾客需求的难题也就可以解决了。

除了物品售卖网站，通过互联网提供库存成本极低的音乐、动漫、电子书籍等服务的商家都属于长尾型商业模式应用的代表。

成功的关键是匹配和高效

然而，并不是只要把商品放在网络上销售，就可以理所当然地被理解为长尾型商业模式了。有两个条件是必不可少的。

第一个是向想要利基产品的顾客去传达这里有该类商品存在的“相互匹配”。虽然滞销品也能卖，但如果不能够将信息精准地传达给对利基产品有需求的顾客，滞销品就永远都只是滞销品。

第二个是“高效”。就算是线上店铺，只要是实物销售行业就还会产生库存管理成本和物流成本，因此，以长尾型商业模式而取得成功的网络购物网站大多都引入了平台模式，即招募第三方商家到自己的网站上开店，以此来扩大产品类别的数量。库存管理及配送因是第三方自行解决的，故可以有效地控制成本。

匹配和高效是长尾型商业模式成功的两个关键条件。

04

吉列模型

——从老牌剃须刀厂商的经营方式学到的代表性的商业模式

Point 产品本体部分低价格，通过相关的消耗品或附属品的售卖长期累积地赚取利润

通过备用刀片而赚钱的商业模式

吉列模型指的是产品的主体部分以低价格或免费形式提供，然后依靠附属品或消耗品的持续售卖来赚取利润的模式。因该模式由剃须刀品牌吉列公司使用才被大众广泛认知，所以便直接以该品牌名称命名为“吉列模型”。该模式在美国也被称为“Razor-Razorblade Model”或“Razor and blades business model”。

**吉列模型指的是
产品本身以低价或免费形式提供，通过附属品或消耗品的持续售卖而获取利润的商业模式**

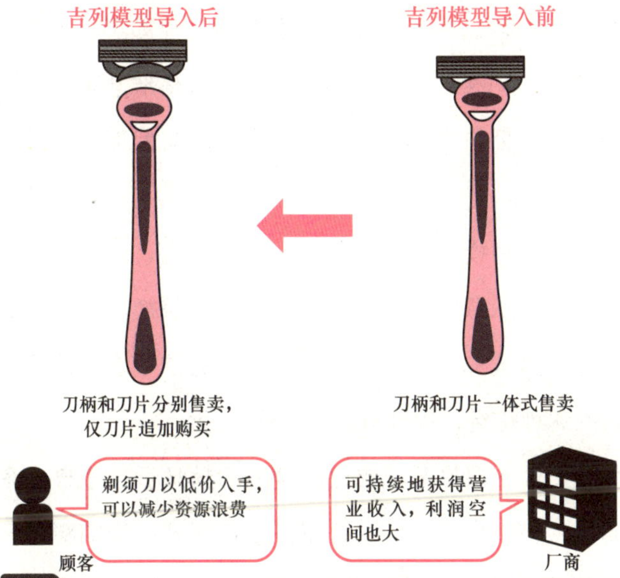

要 点

可提供的价值

本体费用低廉，购买后就只需要附属消耗品的费用。

盈利模式

价格低，依靠利润率高的消耗品保持长期持续盈利。

吉列公司是将男士用的剃须刀刀柄和刀片分开售卖的，公司不是靠刀柄部分获取利润的，而是靠顾客持续购买替换刀片来获取利润的。

以前，只有刀柄和刀片一体化的男士剃须刀商品，而吉列公司采取了刀柄和刀片分开售卖的方式，顾客只需在第一次购买时买好刀柄，之后就只需要购买替换刀片即可，整体算下来其价格要比刀柄和刀片一体的剃须刀的价格低廉。而吉列公司又采用了刀柄低价售卖的方式，顾客也就自然而然地选择了吉列模型的产品。

同时，吉列模型对于剃须刀的厂商来说，也是有百利而无一害的。因为从顾客角度来看，其只购买替换刀片要比购买刀柄和刀片一体式的剃须刀便宜很多，厂商便可以利用顾客对价格认识的这种错觉，提升自己的产品利润。

另外，企业都是采取自己品牌的刀柄只适用于自己企业的刀片的方式进行售卖的，这样就可以让顾客一直购买自己的品牌。也就是说吉列模型的应用不仅可以持续吸引更多的顾客，还可以长期不断地获取营业收入。

无论刀柄以多么低的价格售卖，只要替换刀片可以一直销售下去，其目标的利润就是完全可以达成的。

打印机等越来越多的行业引入了吉列模型

吉列模型也渐渐成了被各行各业采用的商业模式之一。

打印机是其中的代表性行业。以富士施乐公司为例，打印机本体可以长期或短期租赁，用户可以低成本地使用，公司每个月通过实际打印数量的打印费和定期购买墨盒的费用获取收益。当富士施乐公司导入该模式之后，这种模式就成了打印机行业内普遍常规的商业模式了。像这样通过墨盒的销售确保持续收入的方式，也同样适用于计算机的喷墨打印机。

其他导入吉列模型的事例，以图表的形式整理在下一页了。相信大家可以了解到在各种各样的商业层面上都可以使用吉列模型。

吉列模型的使用实例

本体		附属品或消耗品
剃须刀的刀柄	⇔	替换刀片
打印机	⇔	打印使用费 墨盒
电脑打印机	⇔	墨盒
咖啡厂商	⇔	咖啡豆
净水器	⇔	水
移动电话	⇔	每月话费 套餐费
游戏机	⇔	游戏软件

对于以上剃须刀及打印机等被熟知的常规模式，无论其中哪一种都是通过产品本体部分低价或免费而被流通和普及，以产品的附加服务来提升收益的。

关于吉列模型的问题点

吉列模型看似对于买方和卖方都是有利的模型，但实际上买方对其持有不满态度的情况也存在。

例如消耗品的价格很高的情况。像是喷墨打印机的墨盒，就不乏很多顾客在购买更换的墨盒时，因为其价格太高而感到烦恼。

还有就是附属品与已有的商品本体部分无法兼容的情况。像是男士用的剃须刀，经常会出现新型刀片不适用于旧刀柄的情况。从顾客角度来看，其特意买了新型刀片，却发现跟原有的刀柄无法匹配，可以想象其不愉快和无奈的心情。

吉列模型本来应该是长期、循序渐进地获取利润的模式，但以上两种情况都属于以短期获利为目标的行为。因此，在采取短期获利的形式时，需要注意使用该模式是否会对品牌形象造成不良的影响。

05

免费增值型

克里斯·安德森在《免费》（Free）中解释的商业模式

Point 通过免费服务增加使用者，仅用百分之几的付费产品的使用者赚取利润

互联网时代下新的免费商业形态

免费增值型指的是先以提供免费的产品或服务来获得更多的用户，再通过既有用户购买功能更强或更好用的增值版来获取利润的商业模式。

免费增值型的英文是 Freemium，是由 Free（免费）和 Premium（增值）合成的词语，它是美国的风险投资家弗莱德·威尔森推崇的商

免费增值型指的是通过提供免费服务来增加用户数，再将一部分用户引导至高附加价值的付费服务，从而获取利润的商业模式

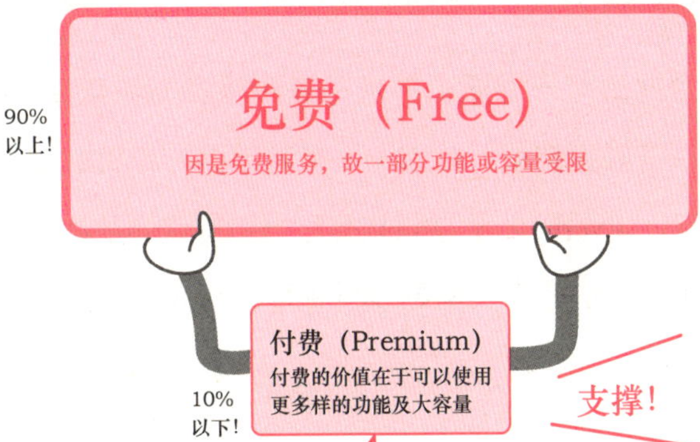

其特点是，免费用户占 90% 以上，通过不足 10% 的付费用户获取收益，通过边际成本（生产量增长一个单位时所需的成本）极低的互联网才可实现

要点

可提供的价值

可以免费试用的服务以及付费制的附加价值服务。

盈利模式

通过免费吸引更多用户，为核心用户提供功能性高的付费服务。

业模式。同时，克里斯·安德森的畅销著作《免费》（*Free*）中对该模式进行了详细介绍，这之后该模式便被迅速而广泛地认知。

免费增值型的代表性企业，有免费互联网电话的Skype、图片共享服务的Flickr，还有Evernote（印象笔记）及Dropbox等云服务等。

以上企业的每一种服务都是因免费服务而博取高人气的。但也都分别有其付费版，如Skype有可以拨打手机或座机的付费版，Flickr、Evernote及Dropbox都分别有可容纳超大容量数据的付费版等。这些企业都是以付费增值版本的收益来支撑免费版的服务的。

与以往"免费"模式的区别

其实，免费的商业模式早在很久之前就有，如民营的电视台和广播电台，以及免费杂志类的媒体等都属于免费的商业模式。

以上这些都不是从顾客那里收取费用，而是通过广告主的广告费用来获得营收的。这虽然是三方参与的售卖方式，却也是应用了免费机制的商业模式。

还有一些模式称之为商业模式可能有些牵强，例如西装量贩商店和比萨饼外卖店的买一赠一，也都是带有免费的服务模式。这种方法其实是模仿降价销售的一种方法，但却更有效地利用了“与其 50% 降价，不如免费”的更有冲击力的推广窍门。

产品样品的免费发放也接近于免费增值型，像果汁等饮料及化妆品等通过免费赠送样品，让人们了解产品的好处，进而促进购买。但是，免费样品和免费增值之间还有根本性的差异。那就是免费用户和付费用户的比例完全不同。

如何能够以最低的成本来提供服务是关键

免费样品的单个份量通常都是极少的，因为企业回收免费发放样品的成本并不低。但是，由于免费增值型的特点是提供数字化的内容或服务，故免费部分的成本可以控制在非常低的范围内。可以说，无论免费用户增加多少，仅一小部分的付费用户就可以撑起公司整体的收益。

不论是 Evernote 还是 Flickr，在采用上述免费增值型的企业中，免费用户的比例大部分都在 90% 以上。也就是说仅靠不足 10% 的付费用户就可以实现获取收益的目标。而成功的关键也正是如此，即让免费用户的成本降到最低。而且为了促进更多的免费用户向付费用户转化，设置好免费与付费两者之间最有吸引力的差别化和既合理又容易执行的转换条件也是必不可少的。

免费增值型的实践企业

Dropbox

计算机里的文件可以进行云存储，用户随时随地都可以读取文件。免费版的容量有限，但付费版的容量要远大于免费版。

Skype

2003 年创立的免费电话服务，用户可以通过互联网使用电脑（或智能手机）进行免费通话。如使用付费服务，还可以与普通电话无限量通话。

Flickr

图片上传网站，以照片共享为目的的社交网站。除了可以整理、分类、展示照片外，还可以与其他人互相评论。付费版可以去除广告。

AVIRA

可以免费使用的电脑杀毒软件。但是，每次启动免费版时都会出现付费版的广告，还有部分功能无法使用的限制。

与以往的免费样品等的区别是，内容和服务都是通过互联网提供的，可以控制成本，就算免费用户数量压倒性地多，企业也可以依靠少数的付费服务来获取利润。

06

无增值型

以LCC为代表的无修饰（Non-frill）的商业模式

Point 将服务精简至最小限度来获得讨厌浪费的顾客的支持

▶餐饮另付费，但可低价乘坐的飞机“LCC”

尽可能地减少那些不必要的服务，仅把最核心的服务以最低的价格和最优的品质提供给顾客，这就是无增值型商业模式。无增值型，英文是Non-frill，是没有修饰的意思。

这种商业模式的代表事例就是LCC（低成本航空）。LCC的鼻祖是1967年成立的航空公司——美国西南航空。它的共同创办人赫

无增值型指的是尽可能地削减不必要的服务，保证核心服务品质的同时以最低价提供服务的商业模式

普通航空公司与LCC的比较

比较项目	普通航空公司	LCC
座位	宽敞	狭窄
座位指定	免费	付费 or 不能
飞机餐食	包含	另付费
饮料	包含	另付费
托运行李	免费	收费
机内娱乐	免费	收费

要点

可提供的价值

必要最小限度的服务保持品质且低价提供。

盈利模式

单价虽然低，通过高利润的产品及服务获取收益。

伯·凯勒尔等人在考虑怎样才能让高价的机票变得低廉时，想到了省略一切必要性低的服务，从而探索出了无增值的飞行服务模式。这之后，爱尔兰的瑞安航空公司、澳大利亚的捷星航空公司以及马来西亚的亚洲航空公司等都诞生了LCC。

根据企业的不同，其所减少的服务样式也都各有不同。大部分航空公司共通的是，其飞机上的座位与普通飞机舱内座位相比较窄，这是因为为了能够让更多的人乘坐以降低成本，多多少少需要牺牲一些座位舒适度。而美国西南航空的并未让座位变窄，但飞机舱内全部座位都不能指定或预定。

此外，基本所有的 LCC 都实施的餐饮、机内娱乐等服务都是收费的，也有很多航空公司连行李托运也是收费的。同时，大部分 LCC 选择的机场都不是靠近市中心的高成本主流机场，而是交通不太便捷的郊外相对偏远的机场。

像这样通过削减掉一些的成本，实现了机票最低价格的做法，其实就是抓住了那些只想以最低成本实现距离移动的顾客的心理。

近几年，日本也出现了LCC，日本国内线的大概票价是几千日元，国际线有些目的地也有1～2万日元就可以买到的机票。

无增值并不是又便宜又差

现如今，无增值型商业模式已经扩展到了商务酒店、健身中心以及美发店等多个不同的行业中去，其主要的背景原因想必是长期的经济不景气让越来越多的人不想为那些自己不需要的服务或功能去买单。

但容易被误解的是，无增值即是单纯地提供便宜但不好的服务，但其真正的关键点是，无论如何都不降低核心服务的品质。如果不这样，那将没有人会再次利用。就像无论多么便宜的美发店，如果技术差到不行，也就不会有人再去第二次。

美国西南航空也表示，为了确保飞行的品质，飞行员和乘务员的人力成本绝不会削减。同时，飞机型号也都统一使用波音 737，以此来提升飞行员和维修员的工作效率。

QBHouse 也设有理发师技术培训的制度。

可以说，有没有努力去提升核心服务的品质，决定了企业是能否得到顾客长久的支持。

无增值型的实践企业

Super Hotel（商务酒店）

留！ 高品质的床和枕头

减！ 退房手续、电话

IKEA（家居）

留！ 有设计感的家具

减！ 奢华的店内装饰、用户自己组装、在店内的产品搬运

QBHouse（理发店）

留！ 剪发

减！ 洗发、剃须、吹发、预约

Curves（健身中心）

留！ 健身器械

减！ 游泳池、浴室、镜子

上述的每一家企业都是通过节省必要性低的服务，来实现以最低价格提供最核心的服务或产品的。

07

非绑定型

战略性地分解价值链的商业模式

Point 根据不同的业务特色拆分价值链并将其分别专业化

拆分的关键是业务特色

非绑定型指的是根据业务特色拆分（非绑定）企业价值链（企业活动中从上游到下游的一系列的业务流程），专注发展业务中最具特色部分的商业模式。

根据业务特色拆分价值链的概念是约翰·黑格尔三世和马克·辛格在他们的文章《非绑定：当大企业被拆分的时候》（哈佛商业评论，2005 年 5 月刊）中首次提出的。

非绑定型

非绑定型指的是将一个企业的价值链分解成不同业务特色的小价值链后，再分别专注于特定专业领域的业务发展的模式

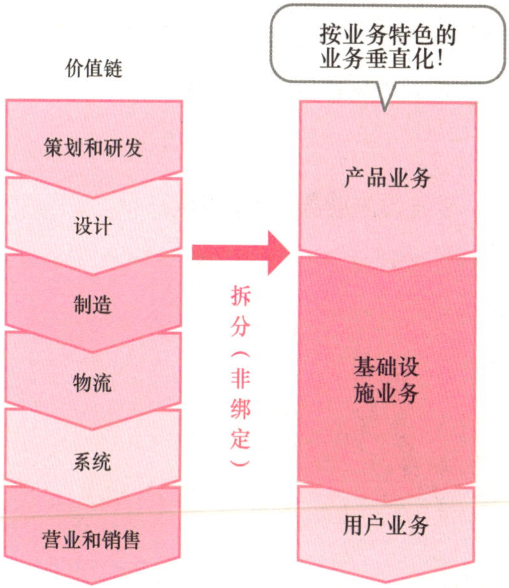

要点

可提供的价值

专注于高度专业化。

盈利模式

通过业务合理化调整减少浪费，实现利润提升。

非绑定型在此之前也很盛行，只是因其目的或初衷都类似于“因国家政策放宽，对手不断增加，需要把不擅长的业务领域切分至别的企业”“不盈利的业务进行外包”等基于市场环境或收益下降而不得不去执行，当然也有像 JR（日本铁道集团）及日本邮政等政府强制拆分的例子。

可以说，非绑定型商业模式真正开始被战略性应用，还是始于黑格尔三世和辛格设定了“业务特色”这个标准时。

用户业务、基础设施业务、产品业务

那么，什么才是业务特色呢？业务特色可以分为用户业务、基础设施业务及产品业务三项。

用户业务指的是，找到基于用户需求的产品和服务，并且实现与用户连接起来的工作。产品业务指的是，开发具有创造性的新产品和服务。基础设施业务指的是，管理物流、生产、交易处理等支撑每日业务运转所需要的设备的工作。

这三项业务所对应的必要技能、经济原理及组织文化也都是不同的。例如，用户业务最重要的是做到让顾客最满意，甚至有时可能为此需要去违反公司内部的流程规定。与之相反，基础设施业务这部分最重要的就是完全标准化不允许有例外。而产品业务最重要的是建立能够启发员工好的创意思路，以及优秀人才更容易聚集的工作环境，与前两项的思考方向是完全不同的。如此可以看出，如果一个组织去开展不同的业务，很容易出现各种矛盾需要去解决以及业务效率下降的情况。

因此，将不同特色的业务分割到不同企业，反而可以让企业变得更强大。

非绑定的下一步便是“再次绑定”

根据不同的业务特色将企业价值链进行拆分后，看似会成为无数个小企业散落的结果，其实随着非绑定的不断推进，每个小企业的业务特色、优势等会变得更加清晰可见，反而推动了将业务特色相同的企业去进行整合（再次绑定）。例如，将“保险窗口”这样的专职于保险产品咨询的企业、专职于健康问题咨询的企业还有专门做婚姻介绍的企业等整合起来，就相当于诞生了一个大型咨询公司。因此，非绑定型商业模式可以说也包含上述形式的再次绑定的商业模式。

非绑定型的实践企业

星野 Resort

擅长将 Risonare 小渊沢、Alts 盘梯等破产的度假村及旅馆进行再生经营，不实际保有任何酒店或度假村，只专注于从概念的策划制定到实际执行等酒店运营相关业务，取得了极大的增长。

Seven 银行

在 Seven-Eleven 和伊藤洋华堂设置的以 ATM 机为主的银行。其竞争优势是 24 小时营业且可以使用日本 580 家以上金融机关的银行卡，但没有银行的代表性业务的贷款业务。

日本的电力公司

一直以来都是由各个区域的电力公司独占发电、供电、配电、电力零售等功能的，但到了 2016 年全面开放了电力零售业务。且预计在 2018—2020 年将电力公司的发电和供电部门拆分为两家公司，实现发电和供电分离。这也属于非绑定型的一种。

HOKEN NO MADOGUCHI GROUP

经营着 35 家人身保险、财产保险商品的到店型保险公司。分别以“保险的窗口”“大家的保险 PLaza”“保险专卖店”等店铺在开展业务。垂直专注于各大保险公司的保险销售业务部分和顺利成长中的企业。

08

SPA 型

以 GAP、UNIQLO 等为代表的垂直整合型商业模式

Point 以零售为主导进行企划、制造、销售，以便做到将更好的产品以最低的价格和更快的速度提供给顾客

从“厂商”主导到“卖场”主导

SPA 型指的是主要以时尚行业为主进行渗透的商业模式。所谓的 SPA，正如其被翻译成“制造零售商”这个词，指的是服装和时尚饰品的零售商亲自着手主导产品企划、设计到生产和销售，可以说是由零售商自我主导的垂直整合模式。且从某种角度上来看，与上一项的非绑定型走的是相反方向的商业模式。

SPA 型指的是零售企业从整合产品企划到销售形成企业内部闭环，来实现以更快的速度提供性价比最高的商品的商业模式

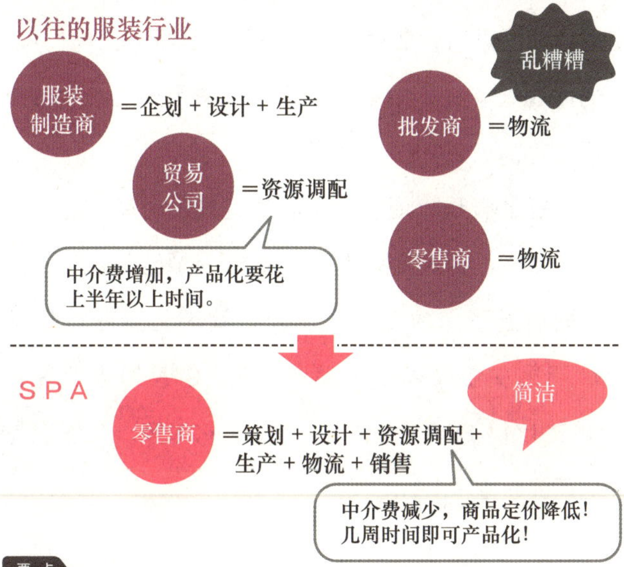

要点

可提供的价值

快速提供品质好却价格实惠的产品。

盈利模式

从产品策划到销售一元化管理达到提升利润率的目的。

以往，时尚产业都是由服饰生产厂商负责企划和设计，产品原材料等资源都通过贸易公司调配，而销售渠道则是交给批发商和零售商的完全水平式业务分工形式的产业。

流行趋势变化激烈的时尚行业风险相对较大，因此既有的水平式业务分工的好处是可以分散经营风险，但同时也有“从产品企划到产品进店耗费时间过长，很难捕捉到流行”的问题。而最大的问题是“每个阶段都会有中介费用产生，致使产品价格变高”。

这些问题的显现，便会让顾客对这样的时尚产品产生“有魅力的好产品少，相对高品质价格又高”的不满。

SPA 型得到了广大顾客的支持，就因为企业选择承担更大的风险而解决了顾客以上那些不满。SPA 型代表性企业有 GAP、UNIQLO、H&M、ZARA、Forever21 等，这些都是在国际市场活跃的企业。

快时尚是SPA型的第2代

SPA 型真正的先行者代表其实是美国的 GAP。

GAP 现已是在全球拥有超过 3000 家店铺的休闲装连锁店的巨头，它的前身是坐落在旧金山的一家销售李维斯品牌牛仔服饰的小店。正处在婴儿热潮时代里西海岸，GAP 的创始人费雪（Fisher）夫妇，切身地感受到了人们“想要可以轻松随意穿能贴合自己体型的休闲服”的需求。因此，费雪夫妇二人便尝试尽量让店里常备有各种大小尺寸的服装。但是仅靠采购进货来的商品很难做到尺寸齐全，同时采购商品的价格也没有太多自由设定的空间。于是，费雪夫妇二人渐渐开始增加自己的原创商品，最后才实现了向 SPA 型的转变。

就这样，价格合适且尺寸丰富的 GAP 得到了越来越多顾客的支持，企业也越来越大，最终演变为巨头企业。随后，在 1987 年的 GAP 股东大会上，时任董事局主席的当·费雪明确指出公司的经营形态是“Specialty store retailer of Privatelabel Apparel”（自有品牌服装专业零售商），这也就是 SPA 这个词的由来。

GAP 和 UNIQLO 等公司都属于有效应用 SPA 型，以亲民价格为重心使企业不断成长起来的典型事例。而瑞典的 H&M 和西班牙的 ZARA 是被称为将企业核心价值设定为流行的 SPA 型第 2 代。

服饰的流行趋势瞬息万变，为了跟紧流行趋势，ZARA 拥有大量的年轻设计师，一旦拿到巴黎时装周等最新流行资讯就会立刻投入产品开发，但并不会立刻投入大量生产，而是从试行少量生产开始，之后随着销售额的数据的变动再调整生产量，采取快速且灵活的战术。据说 ZARA 从策划到销售所需要的时间仅仅是短短的 15 天左右。

能够这样保持高新鲜度的，除了 SPA 型以外的商业模式是不可能实现的。因此，SPA 型第 2 代也被称为“快时尚”。

SPA 型的实践企业

Nitori

以“嗯，物超所值”的广告文案而闻名的家具销售连锁店。其不仅是在越南等地的自家工厂生产制造，集装箱船等也是自己公司解决等，基于这样彻底的 SPA 战略，实现了低价和品质的平衡，取得了持续增长。

World

拥有 OZOC、INDIVI、UNTITLED 等大量品牌的服装厂商。以前一直以批发零售为主要经营业务，但其从 20 世纪 90 年代开始了从零售到商品企划再到制造通体贯彻自主完成的 SPA 型商业模式，并取得了成功。

JINS

经营防电脑辐射眼镜和防花粉眼镜等创新产品，同时配有超薄非球面镜片，售价仅从 4990 日元起的压倒性低价超高性价比的人气眼镜连锁店也是 SPA 型商业模式的企业。其因彻底消除了中间供应商的费用而奠定了其低价基础。

CAINZ Home

在日本拥有 200 多家店铺的家居购物中心。与同行其他公司相比，CAINZ 有很多自主品牌产品，因为其产品便宜又品质高而获得大量用户的支持。其销售额的 40% 都来自自主品牌产品。

09

开放式商业型

基于『开放式创新』思考的商业模式

Point 通过与外界合作，实现创新

仅靠自己企业无法实现快速发展

开放式商业型指的是不单纯依靠自己企业，通过与外界合作去创造新的价值，达到获取高于现有收益的商业模式。此商业模式最初是由加利福尼亚大学伯克利分校的亨利·切萨布鲁夫（Henry Chesbrough）教授，于2003年在他的专著《开放式创新》中提及的。

在此前，新技术、新产品的研发因为都是企业的独家资产，在封闭式环境下进行研发，也是企业的一贯做法。

开放式商业型指的是不仅是在企业内部，而是通过与外部他人的想法和技术进行融合，创造出有新价值的产品和服务的商业模式

基于开放式商业型的研发

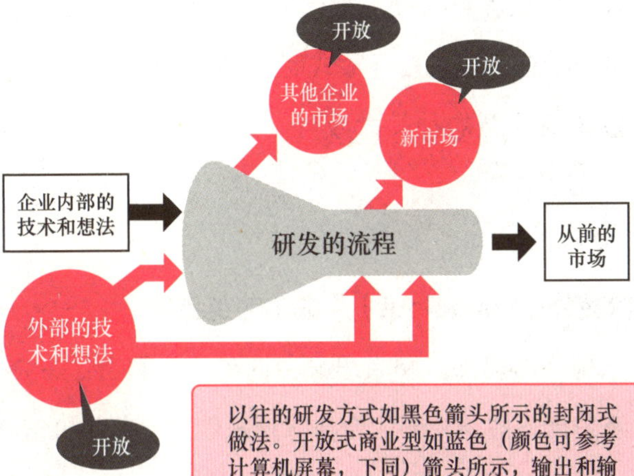

以往的研发方式如黑色箭头所示的封闭式做法。开放式商业型如蓝色（颜色可参考计算机屏幕，下同）箭头所示，输出和输入都增多，可以实现更多的新市场和创新。

要点

可提供的价值

将企业内部的创意和技术以开放式的方式与外部进行整合，以便能提供高附加价值的产品和服务。

盈利模式

产品和服务的输出方增加，还可以实现自己内部无法完成的创意想法。

但是到了近几年，产品和技术的生命周期不断缩短，企业的研发速度就要比以往严格了许多。于是，将自有技术研发开放化，与自己独自进行相比更能促使更加快速、更加新颖产品研发的开放式商业型商业模式开始被关注起来。

而且因此而产生的新技术或服务也不仅供自己企业利用，也可以通过授权等形式提供给市场，万事都可以在“打开的状态”下进行。这可以说是开放式商业型的特点。

开放式商业型的种类大致可分为“内转外”和“外转内”两种。

以“内转外（Inside-out）”成功的英特尔

第一种是内转外。顾名思义由内到外，即通过将企业内部的创意及资产开放给外部的合作伙伴来创造出新的价值。

这种战术的成功案例代表是英特尔公司。在 20 世纪 80 年代，虽然外部对其评价已经很高，但为了把 MPU（微处理器）业务尽快扩大，英特尔公司便将连接 MPU 和其他模块接口的技术架构进行对外开放化。此举让没有品牌力的企业，如中国台湾地区的厂商等也能够使用英特尔的处理器。这样，这些厂商就能实现跟同行业的领军企业在同一条件下进行竞争。其结果让英特尔公司的合作商的数量和范围都有了飞跃式地增长与扩大。当然，英特尔公司将技术开放的条件设定为厂商要在使用该技术的产品外框上贴上英特尔公司的标志。这也是非常巧妙的做法，因此，英特尔这个品牌成功地植入了广大顾客的内心。

薯片（Potato Chips）上的文字也是开放式商业型的成果

另外一个成功事例的代表是宝洁公司（P&G），但它是属于第二种外转内（Outside-in）的开放式商业型商业模式，即将外部的创意想法在企业内部进行应用的方式。宝洁公司在 20 世纪 90 年代后期迎来了股价下滑的经营危机。

主要原因是其垂直切割的组织过于肥大化，又分散在全球各地，从而导致无用的研发增加，好的想法也很容易被埋没的结果。

于是宝洁公司启动了开放式商业型商业模式。基于“Connect & Develop”的理念，首先在公司内网上设立全球通用的技术开发门户网站“Innovation Net”。然后由企业内跨部门形式组成的研发团队围绕生物、科学及包装等 100 多个主题进行研发，同时还将一部分的研发主题开放给外部的研究人员和专家，其结果是只靠自己公司内部很难实现的划时代研发都可以很快速地完成。

例如，宝洁公司的人气产品品客（Pringles）薯片。在美国售卖的该产品特别版，即在每一片薯片上都印有一道智力题，名为“Pringles Print”，其人气非常高。但实际上，这款特别版的产品并非公司内部研发的，而是通过与外部的研究人员在互联网上进行沟通得到的启示才开发出来的，成功地将“聚会有了 Pringles Print，气氛会更热烈”的全新产品价值传递给了顾客，从而让该产品大受欢迎。

开放式商业型的实践企业

Inside-Out!

戈尔 GORE

具有防风、防水、透气等特征的面料 GORE-TEX（戈尔特斯）。该面料的开发者戈尔公司原本是聚合物的制造商，但不单纯提供原材料，而是与面料制造商共同进行提高防水和透气性材料的开发，让戈尔特斯实现“只被用于高端面料”的用户承诺 。其结果是让戈尔特斯作为高品质和高端面料被用在大量的户外用品中。而且就像 Intel inside 一样，终端产品上必须标有 GORE -TEX 的标志，让品牌价值不断地扩大。

Outside-In!

葛兰素史克（GSK）

作为英国的巨头制药企业，GSK 以“专利池（Patent pool）”的方式实践了开放式商业型。这是为了让企业外部的研发人士们能够访问并使用公司内部的没有被利用的知识产权。这样做是为了能够助力研发，除了可以获得巨大市场的新药，还能获得市场规模虽小但能帮助贫困国家治疗蔓延的疾病的新药等。

10

O2O 型

因智能手机的普及而复苏的商业模式

Point 建立将顾客从互联网引导至实体店铺的链路

通过互联网将顾客输送到实体店铺

O2O 是"Offline to Online"的缩写称。顾名思义，即以互联网为手段向顾客进行产品推广，并将顾客引流至线下的实体店铺，最终促成其实际消费的一种商业模式。

作为 O2O 型的事例，最容易理解的是 GROUPON、Ponpare 等优惠券的团购网站。该商业模式的具体运作方法是餐饮及酒店等企业，在团购网站上募集想要购买自己餐饮店铺和酒店限量优惠券的顾客，当有意向购买优惠券的顾客数量达到了该餐饮店铺和酒店预先设定好的人数时，该优惠券就会被发行。

O2O 型

O2O 型指的是通过网络手段提供优惠券和积分等附加价值来引导顾客到实体店铺进行消费，以此获取成果报酬的商业模式

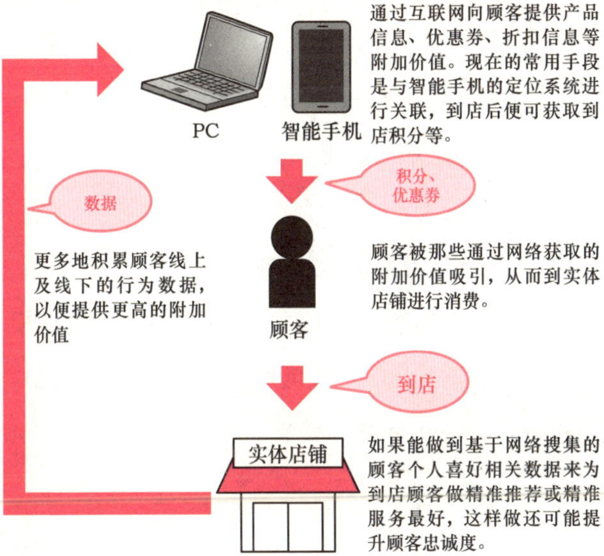

要点

可提供的价值

为顾客提供到店优惠券或积分等服务。

盈利模式

提升集客能力，增加店铺忠实粉丝，让其消费的机会获得更多。

店铺可以自由设定人数，若实际到店人数达不到预先设定的数量，优惠券就不会被发行。这对实体店铺来说，其可以不用承担任何风险地按照自己期望的条件来发行优惠券。同时，通过团购网站这个平台，企业还可以触及那些还未成为自己顾客的潜在用户群。此外，对顾客来说，其能够以更合理优惠的价格来购买产品或服务，何乐而不为呢？就这样，从线上到线下，当店铺及用户双方的需求匹配并同时满足时才会实现成交，而平台运营方则会赚取到佣金。

智能手机的普及推动了O2O业务的发展

虽然 O2O 型看起来像是这几年才诞生的一种商业模式，但其实这和 10 多年前常用到的将互联网和店铺及流通机构进行组合的 Click & Mortar 方式是一样的。

为什么该商业模式如今被称为 O2O 型？为什么将用户从互联网引流到实体店铺的模式如此备受关注呢？其主要的背景原因就是智能手机的普及。

在智能手机时代，大家无论在哪里都可以很容易地连接到互联网。同时，智能手机有定位系统和拾音麦克风，因此可以得到用户的实时地理位置信息。当用户出现在实体店铺的周围，企业就可以为该用户推送相应店铺的优惠信息，以达到促进该用户到店的目的了。

最典型的 O2O 型要属 Sumapo 了。

它的商业模式是在手机里下载 Sumapo APP，并在 APP 中完成用户注册。当顾客去了与 Sumapo 有合作的店铺时，则自动获得到店积分。此积分可在这些店铺消费时作为折扣使用。这样 Sumapo 便是促进顾客到店的强力手段，同时顾客也体验到了优惠感。

为了避免顾客在店铺只是看而实际购买在网上完成

O2O 型受关注的另外一个背景原因是被称为“展厅现象（Showrooming）”的消费行为在不断增加，即线下实体店铺只作为确认真实产品的场所，而实际却在网上价格最便宜的店铺完成的消费行为。这种趋势非常明显，因此，实体店铺运营的企业必须采取措施吸引顾客能够来到自己的实体店铺。

为了对抗 O2O 型下的线下体验店，实体店铺就有必要提供高附加价值的产品或服务。

例如，可以应用通过 O2O 型收集到的关于顾客兴趣爱好的数据，为顾客精准地提供其喜欢的产品，或者顺着其兴趣爱好提供待客服务。也就是说，实体店需要做的不单单是降价，如何能够实现与整体的高度策略相结合，已是 O2O 型该走的下一步棋了。

O2O 型的实践企业

LINE

免费通话和即时信息的智能手机 APP。企业或店铺可以利用付费账号给添加自己账号为朋友的用户发送优惠券等。付费账号分为官方账号和 LINE @ 两种。便利店 Lawson 的企业账号上传一篇文章就达到了动员 10 万人到店的效果。

Oh My Glasses

2012 年开始的眼镜专业网站。与 Vision Megane、Megane Drug 等大型眼镜连锁店在内的日本 1200 多家店铺进行业务合作。在这些合作店内为用户免费提供验光，并且在网上销售带度数的眼镜是很成功的。另外，现有的连锁店成功地开拓了新顾客。

SHOPlier

与 Sumapo 同样都是可以在智能手机上使用的 APP。用 SHOPlier 的 APP 去扫描合作店铺的商品标签上的条形码，就会获取积分、折扣和其他优惠。促进顾客来店的同时，通过让其接触实际商品来引导顾客进行购买。

Lawson

应用 Facebook、Twitter、Line 等社交工具发放限量优惠券，如炸鸡块的半价券等，实际上促进了顾客爆发性地来店和营业额的提升。在 Line 上开设的企业官方账号的好友数，企业官方账号中首个突破了 1000 万人。

11 现收现付型

基于计量制的收费方式而没有浪费的商业模式

Point 按照使用的量来收取费用，坚实地赚取利润

富山药品销售的商业模式

现收现付型（Pay as you go），通过“只需要按照使用量付费”的计量收费形式，让顾客体验到实惠感的商业模式。

现收现付型的反义词是无限量吃（自助餐）、无限量使用等无论使用多少费用都不会变的固定费用制。固定费用制对经常利用的人来说是实惠的，但对那些很少利用或只是偶尔利用的人来说会觉得很不划算。

现收现付型指的是用多少付多少的计量式的收费方式，向消费者公平地提供商品和服务的商业模式

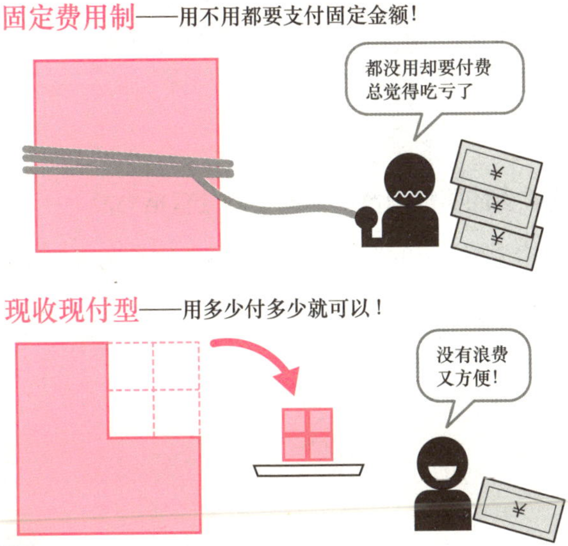

要点

可提供的价值

只需要支付使用部分的费用，没有浪费。

盈利模式

计量式收费降低了使用门槛，能够获得更大范围的顾客。

因此，作为按需变动型的产品服务，公平地收取费用的现收现付型，顺理成章地被普及了。

像水费和电费就是最具代表性的现收现付型。虽有基础费用，但还是按照使用量而计费的。令人有些意外的是日本富山县的放置药箱也是现收现付型。在家或办公室设置药箱，如果不使用就不会发生费用。当使用的时候，就需要对开封的药进行收费。

触及吃零食的男性消费群体的“办公室格力高”

江崎格力高在 1997 年开始的“办公室格力高”正是现收现付型的成功事例。

在企业的办公区里免费放置零食专用箱，箱子里面装有Pocky等格力高的人气零食。想吃零食的人在箱子上面放置的青蛙储蓄罐里投入100日元便可取出一样零食。销售人员会定期走访各个企业，去补充货品并收款。

办公室里的多数白领们感觉到饿的时候，都会认为专门去外面的便利店很麻烦，特别是办公大楼出来进去比较花时间，而且也都想尽量避免外出。这个时候，如果有办公室格力高，很多人都会情不自禁地出手购买。办公室格力高就是抓住了那些虽然喜欢零食，但不想专门出去买的白领男士群体。实际上，零食购买者的七成都是女性，但办公室格力高的使用者却七成都是男性，格力高也因此在开拓新的市场销售渠道上取得了成功。

12

加盟型

作为产业革命的产物而形成的商业模式

Point 向没有资本关系的企业授予可从事自己企业业务的权利以达成扩大销售的目的

无资金投入也可以实现扩大店铺数量的模式

所谓的加盟型是指拥有出色的商品或服务的企业，为想要从事该自己业务的商家提供“做同样业务的权利”的商业模式。授权方被称为总部或加盟特许方，权利被授予人被称为加盟方。便利店、快餐店等都是典型的加盟型商业模式。

加盟型指的是向想要从事本企业业务的人或企业提供“从事本企业业务的权利”和技术的商业模式

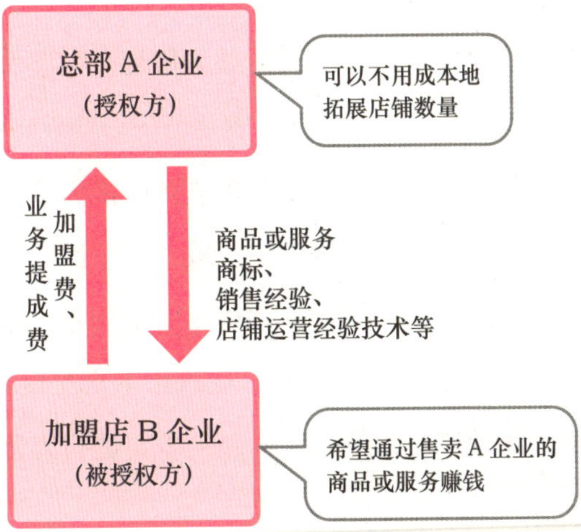

要点

可提供的价值

在任何地方都可以提供同样品质的服务。

盈利模式

总部不需要任何资金投入，就可以得到加盟店的业务提成费。加盟店可以利用总部的被公认的商品和品牌知名度，更容易集客。

总部授予的权利一般有：使用连锁名称的权利；售卖产品或服务的权利；使用经营技术知识的权利；得到总部指导和支援的权利等。加盟方得到上述权利的对价是向总部支付加盟费或专利使用费（商标权利使用费）等。根据总部的要求，专利使用费可能是营业额的一部分，也可能是营业利润的一部分，还可能是固定费用。

开店所需要的资金、人力成本等都由加盟方承担，所以对于总部来说，其基本不用任何资金便可以实现店铺数量的增加。同时，加盟方的好处是可以使用总部的知名度或经营技术等进行经营，其业务成功的概率会比较大。从顾客的角度来说，无论在哪个店其都可以享受到同类品质的产品或服务。

加盟型的概念是在美国产业革命下产生的。产业革命下，大量生产变得可能，但与此同时也需要进行大量销售以与之相适应。

像 SINGER 缝纫机、福特等生产量急剧扩大的制造商，因为需要短时间内扩大自己的销售范围而奠定了加盟型商业模式的基础。

容易被混淆的是代理店商业模式。代理店商业模式指的是总部授予代理店在指定区域内可以独家销售自己产品或服务的权利的模式。一般情况下，店铺的形态及销售方式都是自由的。

常规连锁店和任意连锁店

加盟型对总部的风险是对于加盟店的强制力度比较弱。总部会为加盟店提供培训及店铺运营等相关的支持，但其有没有遵守，在一定程度上取决于加盟方。如果出现不良的加盟方，连锁品牌的整体形象将很有可能会受到影响。

与之相反，常规连锁店（企业直营店）则是从开店、人员招聘到培训都是由总部自己进行的。

因此，对总部来说，企业直营店更放心，但因其店铺费用都由总部承担，开店的速度和效率会低很多。

实际上，加盟型和直营店模式混合式的连锁店比较多。像麦当劳、吉野家、肯德基、UNIQLO 等都属于混合型。题外话，将视线放到全球的 AKB48 所采取的“可以到你身边去见你”“3 个团队 48 人组成”“各种各样的优胜劣汰”等人气要素组合而形成的“***48”型也可以说是混合型的商业模式。

顺带提一下，任意连锁店是指中小零售商们为了能够在和大企业直接进行商业往来、价格谈判等情况下对自己更有利，而将同行业聚集起来形成的组织。大量的同行业聚集起来，就可以拥有对抗大型超市或百货商店的能力。寝具商家的西川连锁、中小超市团体化的 CGC 集团以及礼品零售商 Shaddy 等都是此类的代表。

加盟型的成功事例

日本公文教育研究会

运营按学习能力分配练习题的学习而闻名的“公文式”补习班。实现了从教室的运营到招生、指导的打包式服务。其主要的加盟方是家庭主妇。

日本足球协会

从专业到少年足球都统管的日本足球的组织。J联赛（日本职业足球联赛）的加盟授权方。加入的条件从拥有的竞技场地的标准、可动员观众人数以及拥有的职业选手的人数等多方面严格考核。

大黑屋

大型有价证券销售店。进行各种门票和奢侈品等的售卖。建立了可提供鉴定培训、电话咨询和网络系统等一系列的业务支持体系，以达到任何人都可以作为加盟方经营大黑屋店铺的目的。

Rentas

利用二手车实现了价格便宜的汽车租赁服务的 Niconico 租赁汽车的总部。加盟方大多是加油站、维修工厂、二手车销售店等进行汽车相关经营的企业。因其业务模式可以覆盖远离汽车的人群而顺利拓展了加盟店。

13

BTO型

通过互联网渠道实现的选择定做的商业模式

Point 应用互联网的接单生产，低价提供符合每个顾客需求的产品

低成本的大量生产和灵活性同时并存的结构

BTO（Build To Order）型是制造业的商业模式，是为了做到定制化，将产品的零部件都事先准备好，当接到订单后，按照顾客的需求进行组合的接单生产的商业模式。但并非完全都按顾客需求定制，而是针对产品中的一些部分为顾客提供一些选择，即成顾客可以从选择项中进行选择形式的简易定做。

BTO 型指的是基于网络下单而进行生产，低价提供符合顾客需求的定制产品的商业模式

传统的大规模工厂

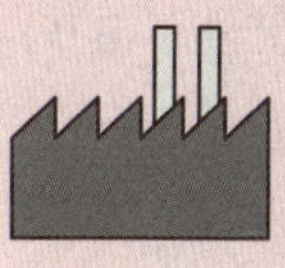

虽然可以低成本大量生产，
但无法根据顾客需求定制化

互联网的发展及生产技术的提升，让低成本大量生产和按需求灵活对应可以同时实现。

BTO（下单生产）工厂

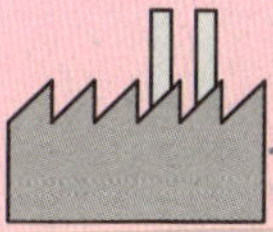

通过 SCM（Supply Chain Management）对生产流程进行细节把控。由于是直接对消费者进行交易的，因此削减了中间商等的成本

要点

可提供的价值

能够低价提供每个顾客想要的产品。

盈利模式

限定可定制的范围，削减零件的数量。收到订单后开始组装，避免库存积压。

单纯的定制化生产在很早以前就存在，但 BTO 型的不同之处在于应用互联网和生产技术等能够低成本大量生产的同时，还可以灵活地满足顾客不同的需求。

3C 产品制造商戴尔就是通过建立了优秀的 BTO 型商业模式，让自己的品牌闻名于世的典型代表。因戴尔的成功，现在越来越多的电脑等 3C 产品的制造商也都引进了 BTO 型商业模式。关于戴尔的详细说明，本书将在第三章来介绍。

可以定制原创设计运动鞋的NIKEiD

近几年的 BTO 成功事例，能够想到的应该就是耐克了。耐克于 1999 年在美国开始了按顾客喜好定制运动鞋的服务，名为 NIKEiD。

该服务的具体内容是顾客通过官方网站就可以自己设计鞋子侧面的线条、鞋垫、鞋带等细节部位。该服务得到了很多想要一双独一无二运动鞋的顾客的支持。

随着技术的进步，最近利用 3D 打印和 3D 扫描等按照自己的想法制作一件成品的机器开发也被推动着。作为应用，已经出现了可以做人偶模型定制的网站。如果技术再进一步发展，越来越多的产品将可以定制化，那么将不止于 BTO 型这样的半定制化，产品的完全定制化需求也许会在各个行业不断地提升。

NIKEiD

BTO 型的成功案例之一。不仅是鞋子的整体，而且作为 NIKE 品牌标志的鞋侧面的线条、鞋底、鞋带等决定整体设计的重要部分，顾客都可以根据喜好选择颜色。同时除了脚的尺寸，还可以选择脚的宽度（常规版和宽版两种）。虽然不是完全定制化，但是在做自己独特的设计层面，已经有了充分的选择余地。

CASE

第三章

通过 17 个事例来解析最具话题性的企业的商业模式

CASE

01

如何才能孕育出成功的商业模式

Point 成功的企业有时候会同时采用多个商业模式

第三章将以在上一章中所介绍的通过构建优秀商业模式让自己成长发展起来的企业为例，探究这些企业的商业模式的奥秘。

具有划时代性的商业模式，应该还属谷歌及亚马逊等 IT 企业更为突出，当然 IT 类以外的企业里也有很有意思的事例。在这些事例中，还有将多个商业模式组合应用的企业。通过了解这些事例，我们的思维可以更加开阔。

在商业模式事例说明部分将介绍的17家企业

序号	企业事例	
01	谷歌	多方平台型
02	苹果	多方平台型
03	LINE（连线）	多方平台型 O2O型
04	亚马逊	多方平台型 长尾型 现收现付型
05	大信百货店	长尾型
06	雀巢	吉列模型
07	印象笔记	免费增值型
08	QB House	无增值型
09	Super Hotel	无增值型
10	鸿海精密工业	非绑定型
11	IKEA	无增值型 SPA型
12	戈尔	开放式商业型
13	Oh My Glasses	O2O型
14	Times 24	非绑定型 现收现付型
15	Curves Japan	无增值型 加盟型
16	DonDonDown on Wednesday	无增值型 加盟型
17	戴尔	BTO型

在第二章中介绍的商业模式的实用事例将从下一页开始解说。在解说图的“要点”部分会说明每个企业的“可提供的价值”“盈利模式”和“经营资源 / 业务流程”。

CASE

02

谷歌

提供能够吸引大家的『场所』的企业事例

应用模型：多方平台型

Point 多种模式组合应用，构建让三方都能够感觉到有魅力的『多方平台』

▶提供了对媒体的利用者、广告主及网站所有者三方来说都感觉有魅力的场所

谷歌是由原斯坦福大学的学生拉里·佩奇和谢尔盖·布林所创立的。虽然现如今谷歌的年收入已经超过了500亿美元（约5兆日元），但在创业初始的一段时期，其一直都是无收入状态。

这样的谷歌能够开始赚钱的最主要原因是建立了多方平台，因为他们应用搜索引擎的技术，创建了用户、广告主及网站所有者三方都能够感受到魅力的场所。

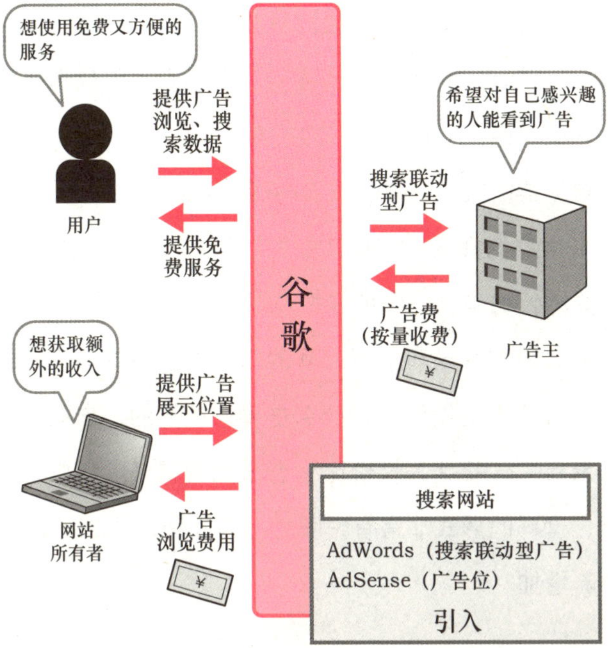

要点

可提供的价值

最优的搜索结果；性价比高的广告；网站所有者的广告收入。

盈利模式

广告费；通过 AdSense、收购 YouTube 等增加广告展示位置。

经营资源 / 业务流程

精准搜索和搜索联动型广告展示的技术。

※因“经营资源”“业务流程”很多时候无法分开，故在要点处合并说明。

通过AdWords和AdSense实现了创收

谷歌一直在不断打磨，通过收集、分析用户的搜索记录及用户的网站访问记录等相关的数据，来预测“用户想要什么”，然后为其提供最优的搜索结果的技术。

通过这样的技术，谷歌在 2000 年推出了 AdWords，该产品就是让与用户的搜索内容相匹配的广告展示在该用户所搜索的结果的周围，这样的广告被称为“搜索联动型广告”。这样除了能够让对公司产品最可能感兴趣的用户人群看到自己的广告以外，因广告费用是按照广告的点击率来计算的，与向不特定的多数人展示广告相比，性价比会有很大的提升。从广告主的角度来看，这样的形式非常有说服力，因此利用 AdWords 的企业也在不断增加。

随后，谷歌开发了产品 AdSence。该产品模式是在自有网站及博客上创建与网站内容相契合的广告展示位置，如果该广告被点击，此网站的所有者就可以得到相应的收入。因为是“只要创建位置就可以有额外的收入”，所以越来越多的网站所有者引入了这样的模式。

随后，谷歌又开始了邮箱及地图等免费产品服务的拓展。其目的是为用户提供便捷服务的代偿，在这些免费产品服务上面也展示广告，以提升看广告的用户数量。同时，通过让用户使用这些免费产品，来收集更多用户的产品使用相关的数据，即达到他们另外的一个目的。

像这样通过多种模式组合而成的平台，谷歌实现了让用户、广告主及网站所有者三方汇集在一起，以获取到更高的收益的目标，也因此形成了网络效果。

此外，谷歌还提供了智能手机专用的 OS“Android”产品，这也是集结用户及 APP 制作公司等参与型的平台。

CASE

03

苹果

用户及合作伙伴推动了服务普及的企业事例

应用模型：多方平台型

Point 通过自身的iTunes Store平台，让用户及合作伙伴参与其中

iTunes Store让iPod变成人气不可撼动的产品

iPod、iPhone和iPad是苹果接连发售的畅销产品，其操控简单却有着精炼的外观设计。乔布斯本人的非凡个人魅力等成功因素有很多，但最重要的可以说是其构建了用户及合作伙伴都想用的多方平台。

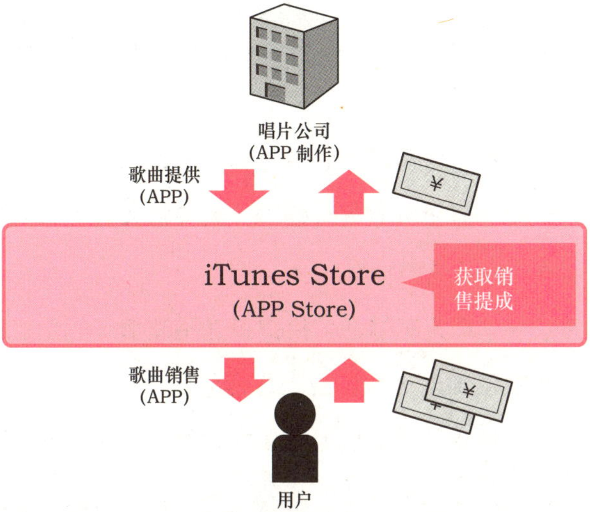

将歌曲变为 APP、将产品公司变为 APP 制作公司，就形成了 APP Store 的模式。与可以从其他渠道销售的 CD 读取并存取歌曲 iPod 相比，iPhone 里的 APP 只能在 APP Store 中购买。苹果公司可以毫无遗漏地获取 APP 公司的销售提成。

要点

可提供的价值

利用各式各样的 APP，无论在哪里都可以听到多种多样的歌曲。

盈利模式

使用 iTunes 的歌曲和 APP 的销售提成；APP 属于独家销售状态。

经营资源 / 业务流程

史蒂夫·乔布斯的创意想法和产品的设计感；生产通过EMS。

苹果最开始构建的平台是 2003 年开始的 iTunes Store。该平台最大的魅力是可以通过网络下载 EMI、华纳、索尼及环球影视等大型唱片公司的歌手的作品。这在当时已经属于具有划时代意义的机制了。

这种机制不仅对用户，对唱片公司来说也是值得庆幸的事情。因为当时，盗版歌曲下载横行，致使唱片公司陷入苦于如何摆脱销售业绩低迷的状态。

因为能够下载人气歌曲，用户量在不断增加，于是其他的唱片公司也主动加入进来。由于这样的网络效应的作用，iPod 成功地与其他的音乐播放机形成了大大的差别化，成了稳固的人气商品。

创建APP Store作为东家的理想状态

苹果公司将 iPod 的商业模式直接沿用至 iPhone。建立售卖 APP 的 APP Store，并为 APP 开发公司免费提供开发所需要的配套元件。这种商业模式类似于开放式商业模式，制作公司利用苹果公司提供的这套开发配套元件可以开发出各种各样的 APP，也让 iPhone 的魅力大大增加。iPod 里的音乐可以从一般市面销售的 CD 中读取，但 iPhone 的 APP 只能从 APP Store 下载，因此建立了通过售卖 APP 来获取利润的围剿式商业模式。

APP Store 的年度销售额大概在 1 兆日元的规模，其中进入苹果口袋里的佣金据说是其中的 15% ~ 30%。可以说，只要苹果能够成为大型的多方平台的东家，就可以获得巨大销售额。

CASE

04

LINE（连我）

智能手机市场环境下一举构建了巨大平台的企业事例

Point 用感情丰富的贴纸作为武器，智能手机最强的沟通平台

应用模型：
多方平台型
O2O 型

▶通过可以免费试用电话和短信，扩大用户使用率以达到平台化

现在全球拥有 3 亿用户的信息交流 APP 的 LINE，只要将它下载到智能手机（或计算机）上，通过互联网，用户之间便可以免费通话和发信息。类似的 APP 也有，但 LINE 能够取得飞跃发展的原因就是有其独特性。

首先就是备有很多应用各种形象做成的贴纸。

LINE 平台

要点

可提供的价值

操作简单的智能手机的信息工具；可以使用种类丰富的贴纸（表情）。

盈利模式

付费内容的贴纸表情及游戏 APP 的平台东家。

经营资源 / 业务流程

优秀的管理和技术工程师；贴纸形象；大规模的用户量。

利用这些表情丰富的贴纸，信息量很大的聊天可以变得更加简单、快速。这完全匹配了“文字回复太麻烦”“又不想简单一句话回复而让对方感觉不舒服”的现代人的需求。

还有一个就是通信录。LINE 通讯录里的朋友基本上都是手机通讯录里的朋友。这跟其他 APP 不同，因为双方已经是互相知道对方手机号码的朋友，所以，可以直接进行轻松亲密的交流。

搭配O2O型，实现了更大的增长

但 LINE 能够实现压倒性的市场占有率，主要还是靠其有多方平台式商业模式的支撑。LINE 公司销售额中的约 20% 来自付费贴纸。如前面提到的，贴纸一部分是免费的，也有花上十几日元就可以买到的几十种的付费贴纸。付费贴纸非常受那些想用自己喜欢的形象的贴纸用户的欢迎。

但是与贴纸相比，付费游戏占销售额整体的60%。很多LINE用户的朋友，在其他游戏平台上也是朋友关系，它通过给第三方游戏公司提供这样的平台来收取佣金。

同时，LINE面向商务用途的企业账号也是其很大的收入来源，具体应用模式是企业在LINE购买付费账号，与该企业账号成为朋友的用户可以得到优惠券等。用户的LINE使用频率和LINE的信息传达力对企业的营销推广有很大的作用。

例如，罗森（Lawson）便利店在LINE的企业账号上传一篇文章就可以达到动员10万人到店的效果，也就是说LINE作为O2O平台也非常有效。

CASE

05

亚马逊

有效应用了长尾型等多种商业模式的企业事例

Point

各种商品琳琅满目、应有尽有，以长尾式型实现大幅的盈利

应用模型：
多方平台型
长尾型
现收现付型

亚马逊是依靠长尾型获利企业的代名词

图书、CD、家电、服饰、鞋、文具、食品等在亚马逊应有尽有。正如其公司名称一样，像一条长长的大河川，让多种多样的商品大量流通，这就是亚马逊。其全球营业额已经达到 6.1093 万亿日元。而日本亚马逊的年营业额也达到了 7300 亿日元（2012 年 12 月的数据），商品数量超过 5000 万种。

亚马逊能够成为名副其实的全球最大互联网零售商的理由之一，就是它的长尾型商业模式。

当天配送	日本东京及周边城市当天上午下单的话，当天下午就可以送达的惊人的物流系统。支撑这样物流的是千叶县市川市等布局在日本多地的 FBA 中心（亚马逊物流仓库）
1-Click 功能	只要购买过一次，就会向该顾客的电脑发送 cookie。这样以 Cookie 存储的数据为基础，顾客再次购买时不需要输入密码和卡号就可实现一键购物
Affiliate	在博客里放网购平台的网址链接的成功报酬型广告（联盟推广 Affiliate，亚马逊称之为 Associate）。亚马逊可以说是联盟广告的开拓者，成千上万的商品对应着广告系统。广告报酬最多可达到销售额的 8%
Customer Review	是指购买者对商品进行的“用户评论”。因为有 5 分满分的★评，可以给想要购买的用户作为参考意见使用

要点

可提供的价值

包括滞销品在内的超过 5000 万种的各色商品，顾客可以一键购买。

盈利模式

自己的仓库可以控制流通成本，以实现高利润率。同时第三方商家并存可以减少库存成本。

经营资源 / 业务流程

自己的仓库、平台、精确度非常高的搜索工具和推荐功能等。

与卖场本身有物理性限制的实体店铺不同，互联网零售巨头的亚马逊没有这种限制。实体店铺，不得不将商品限制在畅销品上；而卖场在互联网上同时持有大量仓库，销售额排名后面的滞销品、稀有物及限定物品等都可以售卖，这样就建立了“什么都有的卖场”的优势，让用户们不断地聚集过来。因滞销品也能卖，尾部（Tail）成为整体销售额的底部支撑。例如，书籍的品类，销售额的 50% 都是由销量在第 4 万名以后的图书贡献。

高精准度的“推荐”功能助力长尾的销售

当然，并不是摆放了滞销品就一定可以卖出去，所以亚马逊发力在精准推荐功能上。

基于用户在亚马逊的购买记录或搜索记录等数据向用户推送推荐商品，可以为用户推送其本人都没有想到的喜欢的书或服饰等。利用独家的运算体系对数据进行分析，因为有压倒性数量的货品类别和用户，其计算的准确性得到了外界的肯定。

通过这样的方式促进用户与这些滞销品相遇，让亚马逊实现了长尾型的应用。

根基是多方平台型

支撑着亚马逊的另外一个商业模式是多方平台型。亚马逊自己拥有无数个仓库和大量的库存，但同时还拥有第三方商家在亚马逊上销售产品的平台，名为“Amazon Market Place”。这个平台上聚集的商品中有一些比较稀有的珍品。

这是因为就算是第三方商家售卖亚马逊本体已在售的商品也没有竞争力，所以最后演变成第三方商家将销售比重放在了那些“虽然销量很小，但喜欢的人非常想要”的长尾商品上。这些只是偶尔会售卖的长尾商品的库存成本也是由第三方商家自己承担的。

按量计费的现收现付型也是支撑亚马逊的另一个商业模式。亚马逊曾经为了应对圣诞节等繁忙时期而充实公司的庞大数据中心。该数据中心被命名为亚马逊 EC2，作为虚拟服务器租赁给其他公司，费用则按照实际使用的量来支付，非常合理。

例如，日本的菜单网站 Cookpad 等都在使用亚马逊 EC2。除了商品多种多样外，商业模式的多样化也成为让亚马逊能够不断飞跃的引擎。

以长尾型为基础，多种商业模式并用

多方平台型

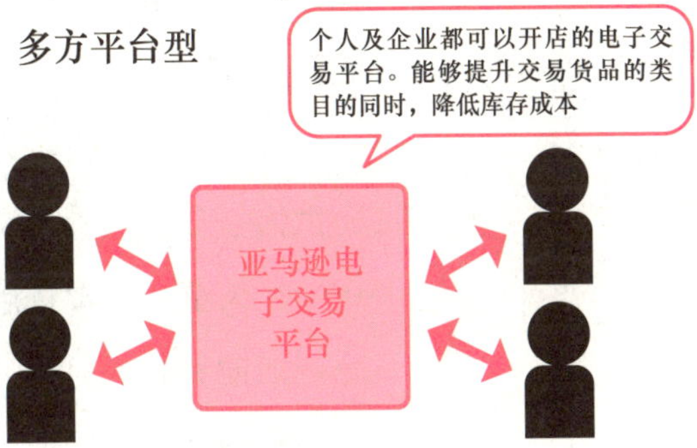

现收现付型

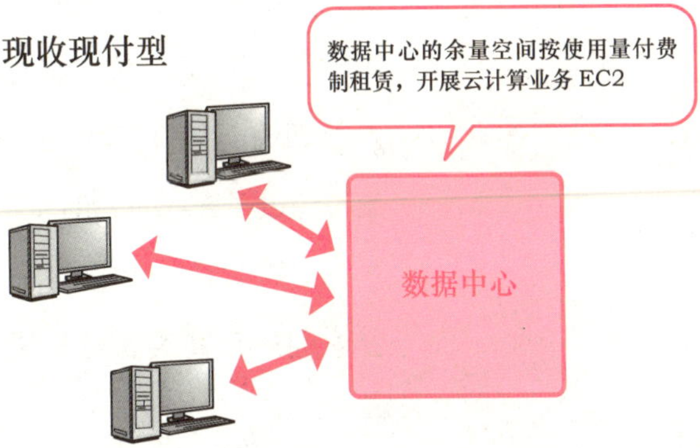

CASE

06

大信百货店

区域密集型也可以实现长尾销售的企业事例

应用模型：长尾型

Point 周边的中老年人群想要的物品应有尽有，长尾型百货店

发蜡、卫生纸、超小份……稀缺商品应有尽有

坐落在日本东京大田区山王的大信百货店被称为奇迹的百货店。在大量的小零售店都在为消费萎靡而挣扎的时候，大信百货店却实现了连续7年的盈利。尽管店铺在距离JR大森站步行还要20分钟左右的位置，但年度到店人数却有近400万人，年度销售额也超过了80亿日元。

支撑大信百货店这么受消费者欢迎的，其实就是长尾型商业模式。

通常连锁店的商品货架

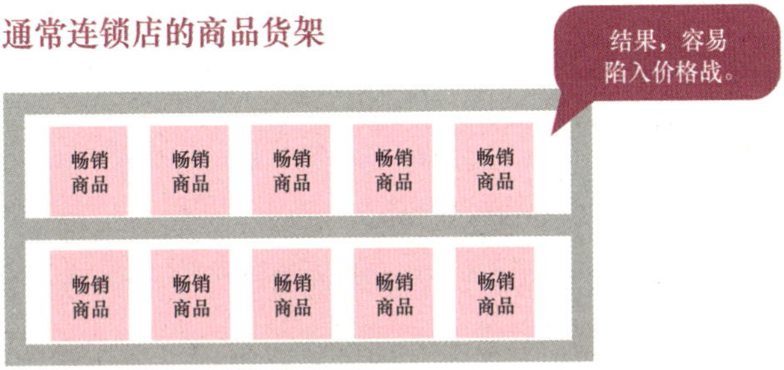

大信百货店的货架

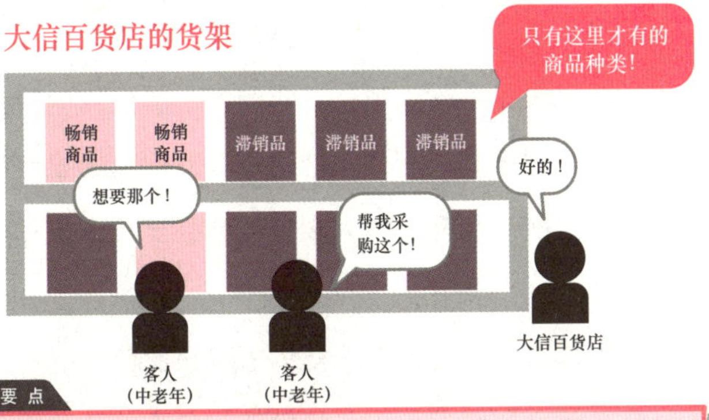

要点

可提供的价值

备齐周边的中老年人想要的且其他地方没有的商品种类。

盈利模式

想要的东西都有，待客像待自己的亲人一样，以增加对店铺产生感情的长期回头客。

经营资源 / 业务流程

客人问到而店里却没有的东西，必须立刻采购，维持与常客之间的关系。

店里的货品除了一般的畅销品外，还有各式各样的偶尔才能卖出去的滞销品。大信百货店的商品种类约有 18 万件，而综合型超市的商品种类一般在 10 万～30 万件，可以说大信百货店的商品的种类并不是特别多，其最大的不同之处在于大信百货店备有多种稀有而特别的商品。

例如，在日化商品货架上混合在最新的美发产品、化妆品里的，还有柳屋（1615 年成立的日化古董级品牌）的发蜡、牙膏及卫生纸等。生活杂货的货架上摆放的不仅是时尚典雅的窗帘和衣架，还有车站工作人员过去年代里一直使用的簸箕和漫画里才会出现的掸子等。总之，就是那些其他商店里都不会有的怀旧商品。这些商品都不会大卖特卖，甚至可以说都是典型的滞销品。

为什么大信百货店会备有这样的古董式的商品呢？其实只是为了抓住中老年顾客的心，单纯地根据顾客的“有那个商品吗”“进一些这样的东西呗”等这样或那样的需求而采购的商品。

抓住"半径500米"以内的老年居民的心

大信百货店在 8 年前开始，便制定了"半径 500 米的顾客占有率 100%"的战略，其主要背景是从 20 世纪 90 年代开始顾客都被竞争对手的超市抢走。不用说，与那些已经形成规模效应，有实力打低价格战的大型连锁超市相比，大信百货店靠价格竞争不过是"自寻绝路"。因此，大信百货店决定将消费群体策略定位在增加区域长期固定的顾客上，而不是那些靠着广告来决定去向的顾客上。

将可获取的长期固定用户锁定在周围半径 500 米区域内之后，就要开始思考这 500 米区域内都是什么样的人，结果发现大部分都是老年人。大信百货店的周边区域都是从大正时期到昭和初期开发建成的住宅区，因此长年一直居住在此区域的居民非常多，且 5 个人中就有 1 个是高龄老年人，并且这里又是高龄单身老年人的比例非常高的区域。

老年人相对年轻人来说更执着于那些自己长年习惯使用的商品，并且非他不可的想法相对也很强烈。

于是，大信百货店就决定只要顾客有需求，就一定去采购到这个商品，其结果就变成了老年人用习惯了的那些怀旧商品越来越多。

但换个角度来看，就是仅大信百货店才有的商品越来越多。这样良性循环，也会有越来越多的人想着“大信百货店应该有那个东西吧”，然后为了寻找自己想要的怀旧又稀缺的商品专门到店里来。同时也不能疏忽掉“竟然帮我采购了我说过的想要的商品”让老顾客更容易产生对大信百货店的忠诚度的心理。

就这样，大信百货店在获取那些“为了这里才有的商品而来的，想在对顾客用心的商店买东西的”优质回头客上取得了成功。

大信百货店的成功事例也正证明了这一点。

长尾型模式的企业

HANDSMAN

总部在宫崎县的家装用品连锁店。打着“这里没有的东西就真的没有”的旗号，一年卖不出去 10 个的商品都有，实现了快速增长。抓住了那些想要一站式买到所有东西的专业或业余的木匠职人等用户的心。

Lulu Enterprises

美国自费出版公司。将书籍、相册、音乐等数据上传到该公司的平台上，有业务合作的印刷公司或新闻媒体就会将其制作成书籍或 CD。制成的书籍或 CD 可以在该网站上的交易市场上售卖。让利基产品创作者和利基产品的使用爱好者连接在一起。

东急 HANDS

在 20 世纪 70 年代就开始的东急集团旗下的家装用品商店。以适合 DIY 的材料和零件为主各类产品一应俱全而闻名，但是奠定其基础的还是不依赖 POS 的采购体系，将采购决策权交给业务前端人员，并鼓励基于实际店铺里听到的信息去采购顾客喜欢的、想要买的商品。得到的顾客回报是“一定会有”的信赖。其也被称作长尾型商业模式的鼻祖。

CASE

07

雀巢

依靠的是附属品而非产品本体赚钱的企业事例

应用模型：吉列模型

Point 吉列模型，让普通家庭都有雀巢咖啡机

有效应用了通过男士用剃须刀的刀片赚钱的吉列模型

瑞士的雀巢咖啡公司的雀巢胶囊咖啡机可以说是应用吉列模型而取得成功的最新事例。

雀巢胶囊咖啡机是一款面向家庭和办公室的可以提炼新鲜醇正咖啡的咖啡机。从 1986 年发售以来，其渐渐发展到被广泛支持，现在业务已经拓展到全球 60 个国家，销售额也达到了3120亿日元。

雀巢

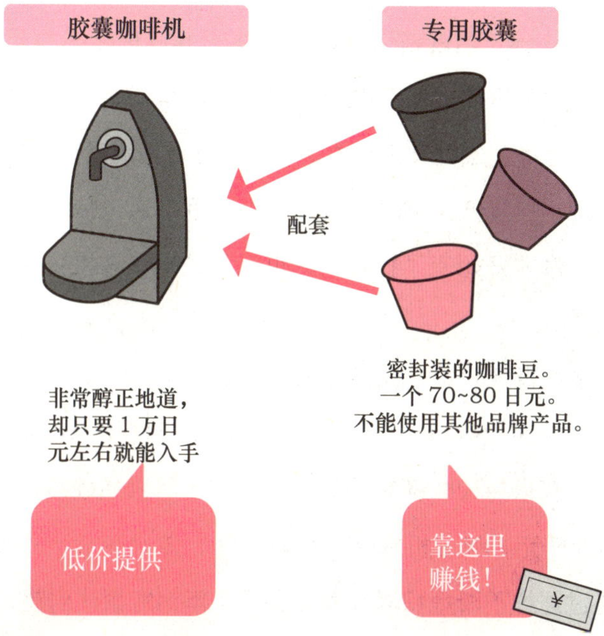

要点

可提供的价值

新鲜、口味醇正的咖啡可以在家或办公室里品尝到。

盈利模式

咖啡机薄利售卖，通过消耗品的咖啡胶囊获取利润。以直销模式提升利润率。

经营资源 / 业务流程

胶囊咖啡机和咖啡胶囊技术、专用咖啡胶囊的直销模式。

降低咖啡机本体的价格，靠胶囊赚钱

其实，在开始发售的前几年，雀巢胶囊咖啡机的销量并不好。虽然从一开始就是以可以萃取醇正的浓郁咖啡为卖点的，一杯咖啡量的咖啡豆被装在专用胶囊里，可以简单地制作新鲜的浓缩咖啡等，但因其价格太高，很难进行市场渗透。

但是，在降低了咖啡机本体价格之后，通过持续地售卖胶囊，销售额才开始有了提升。这也成了雀巢咖啡机受普通家庭欢迎的契机。

现在机器的价格也是从 1 万日元起，而一个装有咖啡豆的胶囊的售价在 70 ~ 80 日元。胶囊原则上只能使用雀巢公司生产的。就算以每天一杯来计算，一年一台机器的胶囊销售额就有 2.5 万日元。咖啡机本身以低价销售，依靠胶囊一点点地赚钱。通过这样不断地积累，最终实现了年销售额达到超过 3000 亿（日元）的业务规模。

吉列模型的应用企业

东丽

产品本体部分

净水器“东丽比诺”

附属品和消耗品

依靠单价几千日元的墨盒获取利润

佳能

产品本体部分

喷墨式打印机

附属品和消耗品

依靠单价 1000 日元以上的墨盒获取利润

Panasonic

产品本体部分

超声波电动牙刷“Doltz”

附属品和消耗品

依靠单价几百日元的替换牙刷头来盈利

任天堂

产品本体部分

家庭游戏机、DS、Wii

附属品和消耗品

主要收入来源是游戏软件。除了自有开发软件，还有第三方软件的销售提成收入

上述所有企业事例都是通过降低产品本体价格吸引购买后，依靠附属品和消耗品来获取利润的。

CASE

08

印象笔记

以付费和免费形式提供互联网上的剪辑服务来赚钱的企业事例

应用模型：免费增值型

Point 免费提供外部计算机，依靠4%的付费版赚钱

▶图片、文章、网页、语音……所有数据随意裁剪！

印象笔记是典型的免费增值型的企业。

印象笔记是指可以免费使用的网络剪贴簿的软件。用户只要将文本、照片、名片、语音、视频以及网页等剪辑下载到自己的印象笔记账号（网络版剪贴簿），便可以通过云技术，随时通过计算机或智能手机访问使用、编辑及共享。

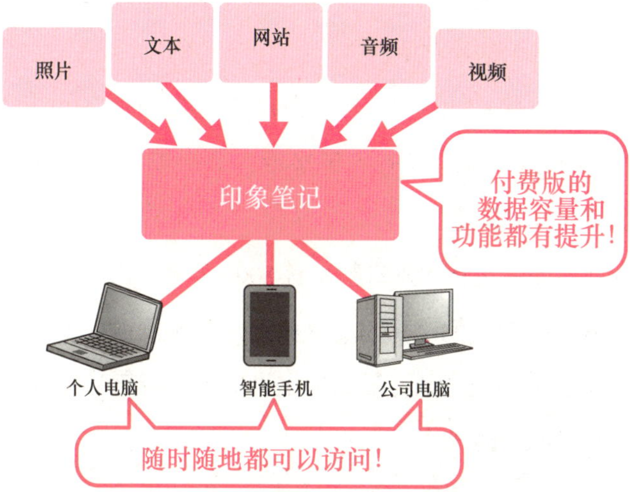

印象笔记是互联网服务的一种，谁都可以免费使用（也有收费版），可将文本、图片、PDF 等电子数据存储在云上的剪辑服务。因为数据被保存在云盘上，所以除了公司电脑以外的个人电脑、智能手机等也可以使用。

要点

可提供的价值

随时随地都可以剪辑数据。

盈利模式

免费提供服务的用户增加后，吸引一部分用户切换至更便利的付费版。

经营资源 / 业务流程

有效利用云服务来控制服务成本。

而且这些功能都可以免费使用，只是每个月可以上传的数据大小被限制在 60MB，并且无法使用 PDF 版文件的文字搜索、图片识别及笔记共享功能。

但若是月费 450 日元、年度费用 4000 日元（2014 年 2 月）的高端版的话，可上传的容量接近于无限制，且没有上述的 PDF 文件的功能限制。

现在，印象笔记的用户数量有 5000 万人以上。免费版和付费高端版的用户比例是 96:4，免费用户是压倒性地多。尽管这样，其依然能够盈利的主要原因是，其有效应用了可以最低控制运营成本的云技术。

宣称“以百年企业为目标”，增强用户的信赖

印象笔记靠免费增值型取得成功的关键因素有两个。

一个是免费版和付费版的功能差异化非常巧妙。免费版虽有数据容量限制，但每个月依然可以上传 60MB，这样已经在印象笔记的免费版有一定数据存储的用户来说，随着日益存储数据的增加，若切换至其他服务软件，其成本和麻烦程度也是日益增加的，也就是说，很容易形成没有印象笔记就没办法工作的状态。

还有一个不可忽视的因素是，创始人兼首席执行官（CEO）Phil Libin 明确对外宣称的以“100 年企业为目标”的概念，这是在硅谷诞生的风险企业中很少有的理念。但是对于一家提供保管用户所有数据的服务公司来说，这样持久性的理念大大地加强了用户的信赖。与其首席执行官在媒体上的曝光相呼应，这种信赖感也是用户数量增加的重要原因之一。

CASE

09

QB House

所提供服务只有剪发的理发店的成功企业事例

应用模型：

无增值型

Point

只提供剪发，无增值服务，从而节约时间和金钱

不提供洗发、吹发和剃须服务，实现10分钟剪发

我们在购物商场或地铁站里经常能看到的10分钟1000日元起的理发店，就是QB House。QB第一家店铺开始营业是在1996年、还不到20年的时间，其就已经成长为国内外拥有500家店铺的规模了。

QB飞速增长的秘密其实就是无增值型商业模式，即最大限度地省去美发店里本来理所当然提供的服务，只为顾客提供速度快、价格便宜的剪发服务。

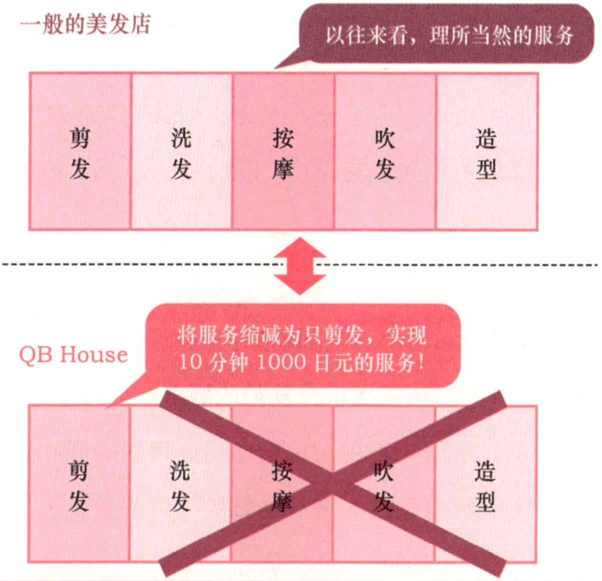

10 分钟 1000 日元的生意，换算成小时制的话就是 6000 日元。只要能够提升用户的回转率，就完全可以让经营成立。

要点

可提供的价值

10 分钟 1000 日元就可以理发。

盈利模式

省掉多余的服务，通过提升顾客回转率来确保利润。

经营资源 / 业务流程

被埋没的美发师人才，其他同行业敬而远之的店铺选地，彻底减少浪费的业务。

QB 省掉的服务是洗发，理发后使用空气洗发器清理碎发。头发没有洗也就不需要吹发，剃须、按摩肩颈、清理耳朵等美发店常规的一系列服务都没有，原则上只提供剪发服务。可能有人因为时间太短而担心剪发的质量，但其实常规的美发店里实际用在剪发的时间也就是 10 ~ 15 分钟。所以从剪发的时间来看是完全够用的。

预约、结账及电话咨询等全部省掉！

QB 没有事先预约或指定美发师的服务。因没有预约服务，所以没有电话，从而也不用因接打电话而浪费时间和人工。支付是以自动贩卖机自动购券方式结算的，因此也省去了前台结账的服务。10 分钟 1000 日元的服务，就是依靠这样彻底的高效业务流程来支撑的。理发质量不下降，只是省去了多余的服务，因此 QB House 受到了那些想节约时间和钱的人们的支持。

QB House 将这些服务都省掉了！

没有了预约和美发师指定的制度，减少了工作集中在特定的工作人员和预约的临时取消而造成的时间空余。因接电话而花费的时间也可以节省出来了。支付是用自动售票购票的方式，不接受零钱兑换还可防止工作被中断。

CASE

10

Super Hotel
将精力集中在以极低价格提供安眠上而取得成功的企业事例

应用模型：
无增值型

Point 一晚仅4980日元！只专注于『优质睡眠』的无增值型商务酒店

▶专注于"低价安眠"，将顾客满意度放在首位

Super Hotel 是一家将行业内平均一晚 7000 日元左右的商务酒店以每晚 4980 日元并包含早餐的形式提供特价住宿服务的企业。将顾客价值放在安眠上这样独特的企业概念，促使着他们不断成长。

其日本国内的店铺数量已经超过 100 家，至 1989 年创业以来，一直保持着营业额持续增长的态势。其现在的年营业额已经超过了 206 亿日元。在 2010 年度的服务产业生产性协议会主办的顾客满意度指数中，Super Hotel 获得了商务酒店部门第一名。此外，其获奖经历不计其数。

支撑 Super Hotel 取得成功的商业模式是无增值型，通过服务的简化形成顾客价值的经营手法。

通过“No Key/No Check-out”实现低成本、高品质

无增值型主要体现在没有钥匙和没有退房服务上。Super Hotel 的一个特色就是不需要正常酒店住宿都需要的退房手续，其理由是房间不需要钥匙。

客人在办理入住手续时，在前台拿到的不是房间钥匙，而是印有房间号和开锁密码的发票。酒店房间门都设有数字按钮式的锁，只要输入发票上的开锁密码就可以打开房间门。由于不需要归还钥匙，也就不需要退房时的前台服务了。另外，房间内没有电话，其目的也是节省退房时结算的手续和因客人电话询问等酒店人员的相应服务。

就这样，酒店实现了业务高效化，大幅控制住了成本。同时，从住宿客人角度来看，其他不需要在退房时花时间等待。

虽然价格便宜，但并不代表服务品质不好，酒店通过一系列努力节省出来的成本都用在了实现安眠这个服务概念上。例如使用价格贵的低干扰的床垫，准备 7 种不同高度的枕头，睡衣和拖鞋等也选择相对价格高但能够促进血液循环有助睡眠的产品等。

商务酒店的主要用户都是出差人员，出差人员对住宿酒店的首要需求就是能够安眠。从居住条件和装饰上面控制过度的成本，并将节省下来的成本用于提升其核心服务上。Super Hotel 可以说是正确判断顾客需求的成功案例。

房间的钥匙是密码锁，没有收费饮料及电话等服务，因此不需要任何费用结算就可以退房。靠这样的模式实现了低成本和高品质的服务。

要点

可提供的价值

只专注于确保良好睡眠的设备投入。因无其他多余成本，住宿费用可以控制在合理范围内。

盈利模式

业务高效化；降低不必要的成本，实现低价住宿；达成入住率的同时可以确保利润。

经营资源 / 业务流程

无钥匙无退房流程；安眠设备；床下没有空间。

CASE

11

鸿海精密工业

将自有业务缩减为『基础设施业务』而取得成功的企业事例

应用模型：非绑定型

Point 通过专注于委托生产，积累了世界第一的制造技术经验

营业额超过日立及日产在中国台湾地区的大型企业

非绑定型的成功事例之一便是中国台湾地区的鸿海精密工业公司，也是大家熟知的富士康。其在 1974 年成立之初是一家非常小的企业，现在集团累积销售额在 9.7126 万亿日元（2011 年），已经超过了日立和日产汽车的集团合并营业额。

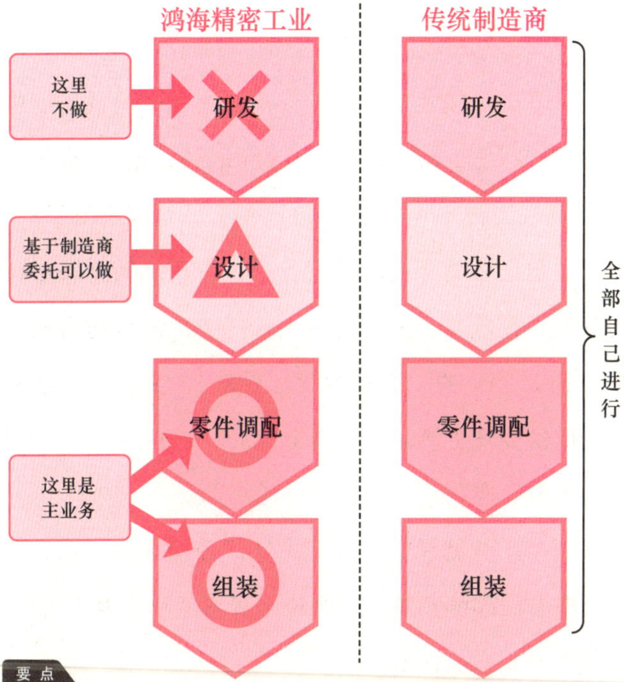

要点

可提供的价值

低成本大量生产需要高技术的电子产品。

盈利模式

通过在越南及其他国家和地区的大规模生产来确保利润。

经营资源 / 业务流程

大规模生产的设备和制造技术经验；专注于委托生产，积累了大量优秀的技术经验。

作为最强的EMS，被苹果公司委托iPhone的生产

鸿海精密工业实现增长的主要原因是，其业务只专注于基础设施业务，在此领域内达到世界顶尖的水平。

专注于基础设施业务的行业形态，在电子器械行业中，一般被称为 EMS（Electronics Manufacturing Service，电子产品制造代工服务）。过去，厂商拥有自己的工厂是理所当然的状态，但近几年，自己公司不持有工厂，只负责产品策划和设计的无厂制造商在不断增加，另外还有不少的企业是针对自己产品的一部分进行无厂化的。这样的企业针对 EMS 企业所要求的不是单纯的低价委托生产，而是要求代工厂能够进行复杂的设计、制造及大批量生产。

鸿海精密工业就是能够满足上述厂商需求的公司。他们不进行企业自有产品的开发，而是将经营资源都集中在代生产上，积累顶级生产制造的技术经验。

同时，将能够容纳 20 万 ~ 30 万人的生产基地建在人力成本低廉的越南及其他国家和地区。

其结果形成了“我们公司的产品只有鸿海精密工业可以生产”的企业不断向鸿海精密工业发出生产委托的局面。现在鸿海精密工业已然成为顶尖的 EMS，负责苹果公司的 iPhone、索尼公司的游戏机和计算机，以及摩托罗拉公司的手机等世界各国大型企业的高端产品的代工制造。

但是这样的鸿海精密工业也随着苹果公司发展速度放缓及人力成本的上升，面临着利润率下降的问题，导致他们最终决定开始自主品牌的液晶电视的生产销售。跳出非绑定型的框架后，是凶是吉，让我们拭目以待。

CASE

12

IKEA

巧妙组合多个商业模式而取得成功的企业事例

应用模型：
无增值型
SPA型

Point 利用无增值型和SPA型，低价销售适应人们生活方式的时尚室内装饰

通过顾客自己搬运、自己组装来实现低价格

IKEA（宜家）是1943年成立的瑞典家居国际企业，该企业的特色是售卖时尚却低价格的内饰及家具。现在，全球26个国家都有其店铺。其在日本的第一家店是2006年开业的，但是准确来说，这是其第二次打入日本市场。实际上，在20世纪80年代IKEA曾经进入又退出了日本市场，因为当时的日本市场不适合IKEA的销售方式。

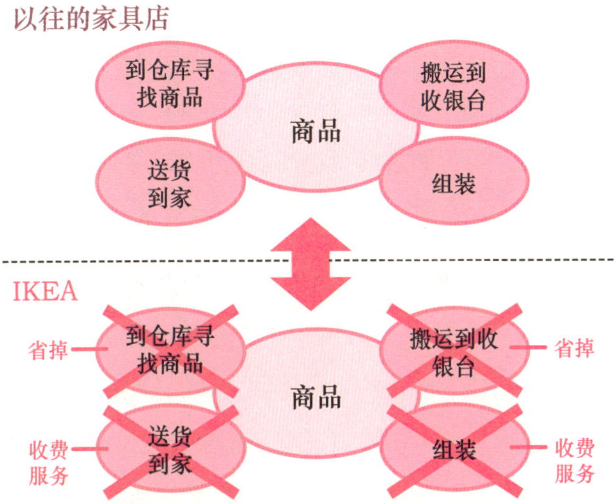

以往的商品价格中，包括了“到仓库寻找商品”“搬运到收银台”“组装”“送货到家”等各种各样的劳务费，而宜家通过将“人工成本”和“商品本身”拆分运营来实现低价格。

要点

可提供的价值

便宜时尚的家具和杂货。

盈利模式

尽可能地节省多余的服务，虽然低价，仍然可以实现高利润率。

经营资源 / 业务流程

设计师、全世界低成本的生产基地、SPA、全球通用的运营。

宜家的店铺其实可以说是商品展示室。顾客看到自己想买的家具，可以记下商品的序列号然后自己去仓库找商品。每件家具商品的序列号都含有该商品所在的仓库位置，顾客可以依据此序列号找到自己要买的家具，用 IKEA 的推车将商品运到结账柜台。结账后，顾客自行将商品运回家，并进行组装。

也就是说 IKEA 因为省掉了将商品从仓库运到结账柜台的人员成本、商品配送成本及组装商品的人员成本，才实现了低价格的售卖。换句话说，省掉与产品和服务本质无关的部分，通过采用仅提供核心部分的无增值型，让低价格变成可能。

可是，日本人并不习惯自己搬运和组装几十公斤重的家具，特别是单身女士或老年人搬运过重的行李是很困难的，而且也不是每家都有车。由于没有考虑到面向这一部分人群的服务机制，导致其没能在日本市场站稳，而不得不从日本退出。

于是，当再一次打入日本市场时，IKEA 准备好了付费的配送服务和组装服务。顾客可以根据自己的需要来选择让哪一部分是无增值的。

尺寸和价格是设计的出发点

为了实现低价格，生产制度也很重要。IKEA 采取了从商品企划、原材料调配、制造到流通都由自己进行的 SPA 方式。在节省中间商费用成本的基础上，还适用于无增值型的商品设计。最具典型的部分是产品都有按照固定大小的包装，这是为了更高效地运入集装箱，更高效地放置到仓库里。在满足此条件的基础上，进行产品设计。就是这样的坚持，才让时尚性和低价格得以并存。

CASE

13

戈尔

以保证高性能而树立品牌的企业事例

应用模型：开放式商业型

Point 划时代的特殊材料，在严选外部厂商的基础上开放式提供

采用特殊纤维素材，成功地实现品牌力提升

相信很多人都在户外服装的胸前或袖口看到过“GORE-TEX®（戈尔特斯）”字样的印字或刺绣。

戈尔特斯是美国戈尔公司研发的防风、防水又透气的独特纤维面料。雪山等残酷的户外条件对户外装备的功能性要求极高，戈尔品牌作为高性能的面料而为大家所知。

戈尔

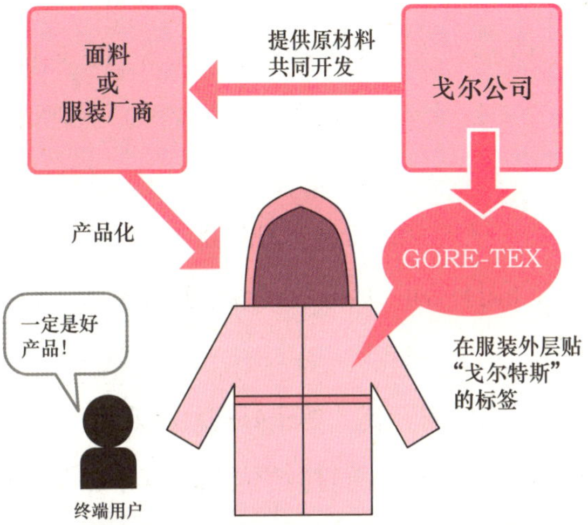

能够使用戈尔特斯面料仅限于制造商的高端产品，这样就会让品牌被认为“只有高端产品才能用的话，一定是顶级的材料”“使用戈尔特斯的产品一定是高端产品”。

要点

可提供的价值

防风、防水却透气性极好的高性能面料。

盈利模式

与户外制造商合作进行产品开发。通过仅限于高端产品可以使用，提升附加价值。

经营资源／业务流程

拓开了医用高品质纤维的新用途；高端产品上需标有 GORE-TEX 的标志。

该原材料正是奠定了戈尔品牌基础的高科技材料聚四氟乙烯（ePTEE）。这种材料的特性是，不会与其他物质产生反应且不容易对人体细胞产生炎症或抵抗，因此 ePTEE 曾主要用于医疗用品上。戈尔公司有效利用了 ePTEE 的优越性能研发出特殊的服装面料。

但是，戈尔的成功因素并不只是用了好的原材料，更主要的是内转外（Inside-out）的开放式商业型奏效的结果。

“我用的是戈尔特斯品牌”等于好产品的证明

本来产品的零部件、原材料的品牌都属于很难让终端用户直接看到的品牌价值，但是戈尔公司认为正确地传达戈尔特斯的好处，无论是对追求高品质原材料的顾客，还是对追求生产出附加价值更高产品的制造方来说都是有益的。

因此，戈尔作为厂商的合作伙伴，仅将自己的材料提供给特定的原材料生产商或服装生产商，同时为了让终端产品确保高防水和透气性，他们还跟合作生产商共同进行材料加工，有效保留原材料功能的服装缝制方法的研发、胶带研发等。这样，戈尔特斯面料的防水性和透气性被研磨得精益求精。同时，跟生产商还达成协议，使用戈尔特斯面料的产品必须在产品原料部分标注“GORE-TEX®”，并且生产商只能将戈尔特斯面料用于高端产品的生产。

其结果是，在终端用户看来只有品质优良的产品才用戈尔特斯，也就等于只要用了戈尔特斯就是好的产品。这样下来，原材料作为品牌得到广泛认可。

CASE

14

Oh My Glasses

网络销售困难的产品与实体店铺联合而变得畅销的企业事例

应用模型：O2O 型

Point 与既有的眼镜连锁店合作O2O型，填补网络销售的缺点

互联网眼镜品牌实现全网最低价格

Oh My Glasses 是 2012 年成立的眼镜销售网络平台。

其售卖的品牌有全球屈指可数的眼镜生产地福井县鲭江的产品、自主品牌和 OMG 等国内外 100 多个品牌、3000 多种镜框※。利用流通成本较低的互联网销售优势，其产品的价格都比产品市场价格低很多，从而得到了消费者的认可。其营业额虽未对外公开，但用户的回购率在 30% ~ 40%，而普通的眼镜店的回购率只有 5% 左右。

※ 2013 年 8 月的数据

线上

Oh my Glasses网站购入眼镜

首先登录PC或智能手机端网站。可以便宜购买3000多种不同样式的眼镜。可以免费试戴5种也是吸引更多用户的一个原因。

线下

在合作的眼镜连锁店里可以免费调试

可以到日本1200家合作的眼镜连锁店进行免费试戴和视力测试。今后势必会更进一步地扩大范围，且必须做视力测试的老花镜市场将会为今后的销售带来更大的飞跃。

要点

可提供的价值

不出门便能从 3000 多种样式的镜框中挑选自己喜欢的眼镜。

盈利模式

通过直销来提升利润率。合作店铺可以获得修理和更换镜片的收入。

经营资源 / 业务流程

覆盖制造商和实体眼镜店的广范围业务网络；测视力和试戴等有效利用实体眼镜店的优势。

眼镜原来被认为是最难通过互联网销售的产品之一，因为一般买眼镜时都需要测量眼镜的度数，并且实际戴上后还需调整贴合度。

但是，该企业快速发展的秘密是采用了 O2O 型商业模式。

日本国内有1200家的眼镜店里有免费检查视力的服务

Oh My Glasses 企业本身并没有实体店铺，而是跟 Vision Megane、Megane Drug 等 1200 多家大型眼镜连锁店合作。顾客带着在 Oh My Glasses 购买的眼镜去合作店铺就可以得到免费测视力和镜框调整的服务。

基于从 Oh My Glasses 到其合作的实体连锁眼镜店的 O2O 型商业模式，用户就可以毫无顾虑地在 Oh My Glasses 网站上选择自己喜欢的镜框了。

另外，眼镜修理和换镜片都是收费的，这些收入都归合作的实体店铺所有。作为 Oh My Glasses 可以获取之前避开网购眼镜的用户人群，而作为合作的实体店铺则可以实现潜在顾客的开发。

众所周知，有的实体连锁眼镜店因受到低价格的 SPA 盛行的冲击，销售额在不断下降。但是，跟垂直互联网企业合作就可以发现双方是可以互补的。正因如此，Oh My Glasses 可以在不到一年的时间里就与日本 1200 多家眼镜店达成合作，建立巨大的价值链。这样的合作店铺数已经超越单体连锁店铺数量最多的竞品企业，占据了行业的第一的位置。

这样的 O2O 型战略性合作在其他行业也同样适用。

CASE

15

Times 24

将原有的业务进行改良进化的企业事例

应用模型：

非绑定型

现收现付型

Point

利用非绑定型和现收现付型，创建对车主和土地所有者都有益的模式

100日元停车场的先驱

Times 24 是以 15 分钟、20 分钟等为单位收费的百元停车场的先驱。此前，停车场都是以小时为单位来计费的，就算是停 10 分钟，也会按照一小时来收费。Time 24 发现了弊端，建造了 100 日元停车的停车场。

1991 年 Time 24 的业务开始后，在停车费昂贵的日本城市受到了压倒性的支持。

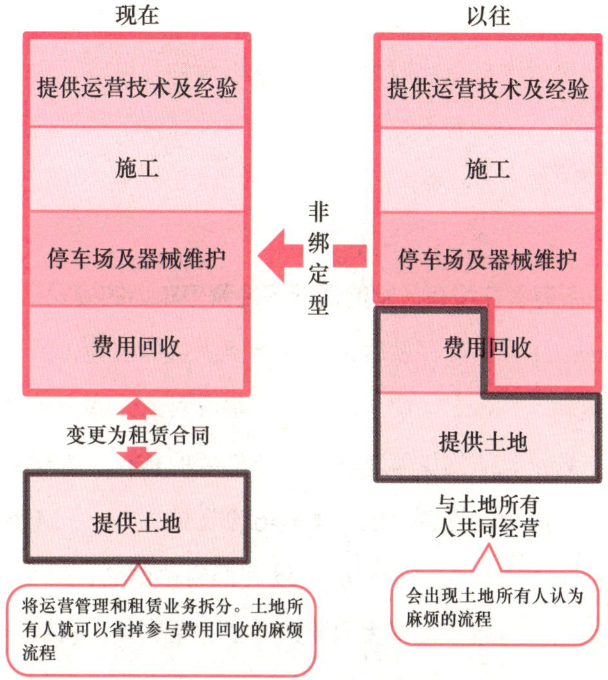

要点

可提供的价值

将时间单位细化为15分钟、20分钟等，降低了短时间利用时的费用。

盈利模式

自动化管理，不仅控制了成本，还可以24小时营业。

经营资源 / 业务流程

提供停车场的土地所有人停车场的自动化系统。

1995 年可停车数量达到了一万辆，到了 2010 年突破了可停 30 万辆的规模。

用户可以选择以小时为单位，或以分钟为单位，两者都是现收现付型的。计费单位的精细化完美地抓住了那些对按小时计费方式不满的人群需求。

让土地所有者在没有风险的情况下经营停车场的模式

Times 24 为了确保及时运行而需要大量的土地，为了有效应用闲置地，Times 24 向土地所有者提议对无人停车场进行共同经营。Times 24 提供停车场运营所需要的器材、管理和运营技术，土地所有者提供土地。停车场的收益由 Times 24 和土地所有者平分。但是，这个机制并没有得到预期的评价和效果，原因是土地所有者每次费用回收的时候都要在场，这对很多人来说都感觉非常麻烦。

因此，该公司将停车场业务划分为租赁和运营管理，应用了基于业务性质进行分解价值链的非绑定型商业模式，从共同经营方式转换为从土地所有者那里租借土地进行停车场业务。利润分成方式也从收益对半分，改成向土地所有者支付土地租赁费用的机制。对土地所有者来说，其既没有了赚大钱的机会，也没有了大损失的风险。从那以后，作为能将闲置土地获得稳定收入的有效利用方法，Times 24 的业务取得了爆炸性的扩大。

2009 年，该公司开始了汽车共享业务“Times Car Plus”，在 Times 24 的停车场可以租车的服务。租赁费用以每 15 分钟 200 日元起为单位且包含油费。收费方式同样采取的是现收现付型商业模式。

停车场和汽车租赁都是以前就普遍存在的商业，而 Times 24 将商业模式重新定位和调整，取得了飞跃式的发展。

CASE

16

Curves Japan

用户和合作伙伴推动了服务普及的企业事例

应用模型：
无增值型
加盟型

Point 利用无增值型和加盟型，将那些跟健身房已经疏远了的中老年女士聚拢

没有浴室和镜子，没有男士的健身房

Curves 于 1992 年在美国得克萨斯州开立第一家店以来，店铺的数量迅速扩增，仅用 10 年就成长为全球连锁健身中心。其从 2005 年进军日本开始，仅 8 年时间就扩展到了日本 1300 个店铺，会员人数也达到了 58 万人。

Curves 能够快速成长的理由是，从传统的健身俱乐部去除掉了“3 个 M”，吸引了那些“虽然知道自己运动量不够，但传统的健身俱乐部又不太容易去”的中老年女士。

传统店铺		Curves
有	男士	没有
有	镜子	没有
有	激烈运动	没有
有	浴室	没有
有	游泳池	没有

不觉得丢人！

不郁闷！

谁都可以轻松做！

对场所要求不高，住宅区或商业街都可以开店！

通过排除了传统的健身中心里中年女士觉得“不需要”的要素，成功地拉拢了这些用户。在 Curves 的会员中，50 多岁和 60 多岁的女性占整体的 30% 左右。

要 点

可提供的价值

没有男士，女士可以轻松利用家附近的健身中心。

盈利模式

简化设备，控制初始投入成本；因可以轻松随意地加入，容易获得潜在需求者。

经营资源 / 业务流程

利用闲置土地或大厦的一角；加盟化。

在“3个M”中，第一个M是“Men”。Curves其实是女士专用的健身俱乐部。有很多女性都认为被男士看到自己没有自信的体型和拼命运动的样子很丢人。如果客人和工作人员都没有男性的话，就可以不用过多顾忌地进入店铺。

第二个M是“Mirror”。一般来说，健身俱乐部都会为了方便顾客确认自己的动作而在房间里装有镜子，但Curves里没有。因为考虑到了很多女性不想从镜子里看到自己的体型，而让自己不开心的心理。

第三个M是“Make up”，就是化妆。这并不仅因为没有男性就没必要化妆，还考虑到不在补妆上花费时间。Curves的训练是按照使用器械的程序进行的定制化的器械运动项目，但是整个项目下来也并不至于激烈到让妆花掉。因此，店铺里没有淋浴室。因为运动项目本身也只需要30分钟左右，所以即使是忙碌的女士也可以利用日常的空闲时间进行运动。

每月会费 5900 ~ 6900 日元，价位适中。通过消除中老年女士对传统健身房的不安和不满，抓住了很多潜在顾客的心理。

建立了能够灵活运用狭小空间的模式，8年时间店铺数量扩大到了1300家

Curves 店铺数量在日本扩展到 1300 多家的主要原因是开展了加盟型商业模式。Curves 的店铺内因为没有淋浴房和游泳池，而且健身器材也有限，所以对选地的要求相对低很多，只要有 40 平方米左右的地方就可以开店。

这让那些想要有效利用闲置土地或大厦一部分的业主蜂拥而至。Curves 的很多店铺之所以在住宅区和商业街等家庭主妇容易去的地方，也是因为有这样的背景原因。因此，Curves 取得成功的一个重要因素就是，构建了满足那些想要灵活地利用闲置场所的需求的商业模式。

CASE

17

DonDonDown on Wednesday

利用系统自动降价体系而成功的企业事例

应用模型：
无增值型
加盟型

Point 购买自己通过无增值型的价格体系淘出来的产品，乐趣倍增

每到周三，系统自动降价!?

从青森八户的小型二手服饰店铺，仅用 8 年时间就成长为在日本拥有 60 多家店铺的二手服饰及杂货的连锁店，这就是 DonDonDown on Wednesday。

DonDonDown 备受欢迎的秘密是其独特的定价体系。每到周三，商品的价格就会不论商品价值如何而自动下降。

每件商品上面没有价签，取而代之的是印有蔬菜和水果的插图标签。

采购

采购系统自动化。原则上不限种类。最便宜的是每千克 10 日元。价值高一些的是每千克 50 日元或 500 日元

↓

店头销售

同一商品每周降价一个阶梯，例如有些商品的起始价是7350日元。

↓

向国外批售

到105日元还没有卖出去的商品，直接下架统一批量销售到国外

二手服饰及杂货

本周价格表

○ 7350 日元
△ 5250 日元
■ 4200 日元

∫

分为 10 个
价格阶梯

∫

◎ 315 日元
▼ 105 日元

以“每周三连续降价”为口号！

要点

可提供的价值

品类丰富的二手服饰通过游戏感很高的降价系统提供。

盈利模式

二手服饰的销售，剩余库存统一批量销售国外，通过加盟型商业模式来降低总部的风险。

经营资源 / 业务流程

无需依靠人工鉴定能力的运营体系。

商品的价格以插图标签为基础，通过店铺内公示的“本周的价格表”来确认。当周的价格表从 7350 日元到 105 日元不等，分成 10 个阶梯。例如，西瓜的插图这周的价格是 5150 日元，下一个周三则是 4200 日元，再下一个周三就是 3150 日元，每周价格下降一个阶梯 (2014 年 2 月)。

从顾客的角度来看，无论衣服的进货价是多少，售卖价格都是自动下降的。这样的价格体系可以让顾客有机会用远低于市场的价格买到轻易买不到的品牌服装。但是，如果一直等待降价，就有可能会被其他顾客先买走。能够体验这样的游戏感觉也是该店的一大魅力。

排除掉鉴别能力的问题，让加盟模式的拓展变得可能

DonDonDown 还有上述以外独特的地方，那就是排除掉了二手物品的鉴别能力有无的问题，让谁都可以经营二手物品店。

不仅是旧的服饰，还有旧的家具，也有看似不值钱实际隐藏着相当于几百万日元价值的物品。能不能看透物品的隐藏价值，决定了作为古董商是否可以赚钱。但是 DonDonDown 即使没有鉴别能力，也可以运营。按照一千克 50 日元或 500 日元购入后，在每周三放置到降价销售系统，价格就由顾客来决定了。

因为卖剩的旧衣服已经确立了海外的批量销售渠道，所以也不用承担太大的库存风险。另外，价格标签的替换次数少，店铺运营的人工也可以减少。

由于上述的特色，DonDonDown 从开业就开始募集加盟店。因此，平台网络化很快发展壮大起来，以无增值型商业模式为目标的结果，作为加盟型也取得了成功的典型事例。

CASE

18

戴尔

被作为BTO代名词的企业事例

应用模型：BTO型

Point 运用BTO型，将可以自由定制的电脑变得让人们触手可得

早期引入丰田汽车的“kanban方式（Just-in-time方式）”

电脑制造商的戴尔被称为BTO的代名词。

过去，电脑是理所当然的大批量生产的产品。虽然有些人不满足于此，“想要加快处理速度”“想增加硬盘”，但多数人觉得附加更多的特殊需求，费用也会随之增加，因此就妥协了。

关注到了用户这种需求的是戴尔的创始人——迈克尔·戴尔。

戴尔

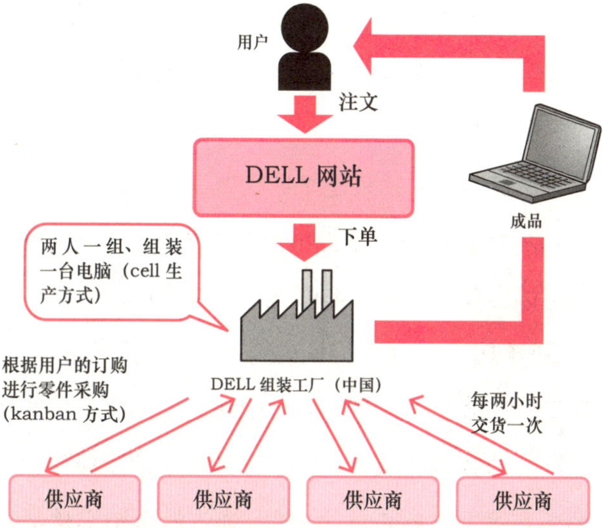

基于上述的流程架构，戴尔实现了向客户提供价格合理且符合客户要求的个人电脑，这种架构被戴尔称之为“直接模型”。

要点

可提供的价值

价格合适，且可以自由定制的电脑。

盈利模式

用户订购后进行产品组装的模式，可以适当地控制库存，以减少浪费。

经营资源 / 业务流程

生产基地放在人工成本低廉的国家；运用 Kanban 方式、Cell 生产方式等生产技术。

1985年开始，戴尔便基于顾客的需求销售可选择功能和附属品的电脑。其最初都是线下销售方式，最终在1996年开设了电脑销售网站，用户可以在网上轻松地选择自己认为有必要的功能来购买个人电脑。

但是，仅仅如此的话只是单纯定做而已。戴尔之所以得到广大用户的支持，是因为虽然电脑是订制的，但是价格合理，普通人也可以接受。而戴尔能够低价格销售的原因之一是，直接向顾客进行销售，减少了中间会削减自己利润的环节。

并且将生产流程进行了彻底的效率化，实现了大量生产和灵活的生产机制并存的状态。例如，其在早期阶段就引入了丰田汽车的生产方式“kanban方式”。戴尔的电脑零件都是从外部供应商采购的，但可以做到在组装之前，如“下午一点需要52个零件a、43个零件b”这样的只订购必要数量的零件。这样就可以减少成品和半成品的库存，控制不必要的成本，从而达到降低最终销售产品的价格的目的。

STEP

第四章

构建新的商业模式所需要的条件

STEP

01

构建商业模式所需要的5个步骤

Point 了解现状、挖掘潜在需求、构建解决需求的模式、财务模拟测算、执行等5个步骤

最重要的是理解本质

这一章，将会为大家介绍实际构建新的商业模式时所需要的流程。根据前面几章里所介绍的企业事例等可以得出了解现状、挖掘潜在需求、构建解决需求的模式、财务模拟测算和执行等5个步骤。虽然是非常基础的步骤，但无论是在企业既有的业务领域内构建新的商业模式，还是在不设任何框架的状态下自由思考商业模式，其都可以起到一定的作用。

构建商业模式所需要的 5 个步骤

步骤 01
了解自己企业（自我）的现状

步骤 02
挖掘顾客尚未被满足的潜在需求

步骤 03
思考解决潜在需求的商业模式

步骤 04
模拟测算能否盈利

步骤 05
实际执行

STEP

02

了解自己企业（自我）的现状

Point 成功的企业有时候会同时采用多个商业模式

有效利用经营资源和优势需从“了解自己”开始

在商业里，其基本中的基本是高效灵活地运用人力、物力、财力、信息等本企业的经营资源，如果没有了解自己企业有什么样的经营资源，就无法充分利用这些资源。

虽然很多人可能会觉得“我很了解我们企业的情况”，但也有自己都意想不到的技术经验埋藏在企业的某一个部门的可能。并不是说“丈八灯台照远不照近”，只是人容易看不到身边的东西。

另外，构建其他企业无法效仿的商业模式，发挥自己企业的优势很重要，同时还需要回顾一下自己企业的优势和劣势，以及当前的市场环境。

此外，如果是个体从零开始创业，也需要利用自己的经营资源，也就是有效利用至今为止积累的技能和人际关系，才更容易取得成功。所以，首先好好盘点一下自己拥有的技能和人际关系。

在梳理自身现状的时候，不要只在脑海里思考，最好用纸笔罗列出来。进行可视化梳理更容易整理清晰，手动起来，头脑就会运转，可以让我们意识到“原来还有这样的技能”。

关于经营资源，可以列出人力（人才、人际关系）、物力（产品、设备、店铺等）、财力（资金）、信息（知识产权、技术经验）4 项。

可以参看本书商业模式的构成要素的图例，除了经营资源以外，再将现在的业务流程和盈利模式等进行梳理，就可以整理出自己企业的商业模式，以此清楚地了解到“我们企业提供的价值和没有提供的价值”“有改善余地的业务流程”等，这些都会成为考虑新的商业模式的线索。

利用SWOT分析等进行梳理

如果要整理自己企业（自我）的优势和弱点以及市场环境的话，可以借助 SWOT 分析（参看下一页图）。相信大多商务人士都知道，SWOT 分析是有名的战略框架之一。其具体使用方法就是在“优势（Strength）”“弱点（Weakness）”“机会（Opportunity）”和“威胁（Threat）”4 个矩阵中分别相对应地填上自己企业的要素，这样一来就能一目了然地掌握企业情况和企业所处的环境状况，在定期或不定期做回顾的时候，看起来也很方便。

通过 SWOT 分析掌握现状

环境	加分因素	减分因素
内部环境 商品力、技术力、生产力、资金力、品牌等	**优势（Strength）** 内部环境中的加分的因素 如技术强、商品性能好等	**弱点（Weakness）** 内部环境中的减分因素 如资金不足、品牌力不够等
外部环境 社会形势变化、市场动向、顾客价值观变化等	**机会（Opportunity）** 外部环境中的加分因素 如安全相关需求增加、市场增长等	**威胁（Threat）** 外部环境中的减分因素 如政策放缓、少子化等

建议

如果在 4 个矩阵中分别填上相关因素，我们一眼就能掌握本企业或自身的现状。顺带提一句，SWOT 是由 4 个因素的英文首字母组合而成的。

STEP

03

挖掘顾客尚未被满足的潜在需求

Point 对待用户的声音不囫囵吞枣，去发现隐藏在深层的真正需求

顾客不知道自己真正的需求

了解自己的现状后，就是第 2 步，即挖掘出“顾客还未被满足的潜在需求”。当然，潜在需求的挖掘有多么困难，有销售和营销经验的人一定感受得更深刻。即使是对顾客进行意见征询或问卷调查，也不可能准确地发现顾客的潜在需求。因为顾客自身对自己“想要的东西”并没有清晰的概念。

例如，iPod 被很多人支持的理由之一是能随时随身听很多歌曲，以及能购买专辑的单首歌曲。但在 iPod 发售之前，几乎没有人提出具体就想要这样的东西。就算调研提问“你想要什么样的音乐播放器”，得到的回答可能也只有“更便宜”“音质好”“更轻便”等。

以顾客的意见为基础做出各种假设并逐一分析其可能性

那么，如何才能找出顾客的潜在需求呢?

首先，如果通过意见征询和问卷调查等可以发现顾客的需求，不要囫囵吞枣地只想着他们说出来的需求，要带着疑惑地推敲“说出来的都是表面的，真正的需求一定不是这些”，进行深度挖掘。

如果可以的话，最好是把那些假设性的内容实际跟顾客进行沟通验证。

例如，当询问顾客“你想要什么笔记工具”的时候，顾客的回答是“想要一个小巧轻便的笔”，那么这个顾客的需求真的是“小巧的笔”吗？其实未必。很可能是想要“在移动中马上就能取出的笔”，而在表述的时候用了“小巧”而已。如果是这样的话，“带挂链式的笔”和“防止写字手抖的笔”也许更合适。如果把这种假设进行实际的沟通验证后，有可能出现“确实如此”的情况，也有可能会出现不同的意见。

试着思考一下自己平时的不满

此外，回顾自己的日常生活，看看是否存在着什么不满和愿望，这样也可能会发现真正没有被满足的需求。

**“对待顾客的声音不能囫囵吞枣”
很多情况下，顾客没有意识到自己的需求，
推测出顾客背后的真正需求很重要**

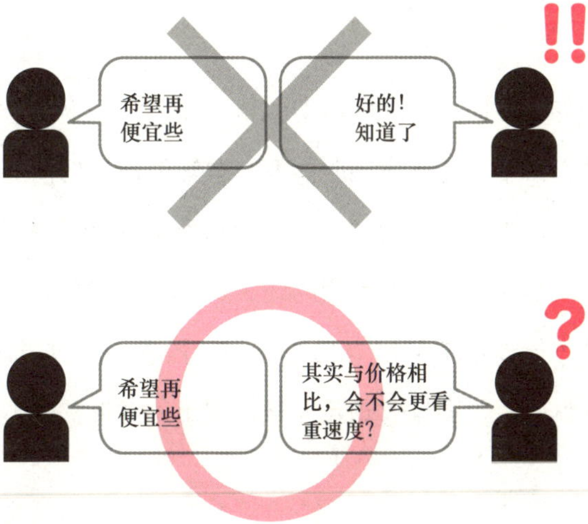

建议

如果自己没有机会接触顾客，可以向营业部询问顾客的声音，或者查看顾客管理系统以收集顾客真实的声音，就能得到创意的灵感。大多企业的顾客管理系统的使用率非常低，但不妨试着看一看，可能因此会得到意想不到的启发。

有一点很容易被忽视，即作为商业人士的我们其实也是终端用户。卖方也是买方，制造者也是使用者。先跳出自己所在的行业领域，思考一下在日常生活中，我们会考虑什么在意什么，相信换个角度一定会得到意想不到的新视角。

从那些靠自己构建出划时代的商业模式的成功案例中也可以看到，这些案例大多都是从自己的不满中发现了真正的需求的。

例如，本书介绍的 QB House 商业模式，就是其创始人小西国义先生希望把理发的时间变得更短而诞生的商业模式。

另外，本书中介绍的美国西南航空 LCC 也是从其联合创始人想降低坐飞机出差的费用而诞生的。

尽可能多地罗列出自己的不满和需求，通过思考，相信可以发现其他人也同样有却没有被挖掘出的潜在需求。

人们的需求多种多样

希望价格便宜	⟷	想要价格高、品质好的东西
希望节省时间	⟷	想要消磨时间
希望看起来帅气	⟷	不想被认为在装酷
希望看起来聪明博学	⟷	不想被认为只会学习
希望被认为是有钱人	⟷	不想被认为是有钱人
希望可以轻松些	⟷	想为将来艰苦奋斗
想要最新最先进的东西	⟷	想要好的古董
想要更小巧的东西	⟷	想要更大的东西
希望到家服务	⟷	不想让到家里来

建议

正如上面所说的那样，人的需求是多种多样的。如果想一下“自己在什么时候会有这样的心情”，可能会发现顾客真正隐藏的需求。

STEP

04

思考解决潜在需求的商业模式

Point 创意想法不一定是要新产生的，而是把现有的东西组合在一起

▶创意想法就是将既有的要素进行重新地组合

如果发现了顾客尚未被满足的需求，就要考虑能解决那些需求的商业模式。相信很多人都会认为“从零开始想出新的点子实在是太难了”，但其实没有那个必要。世界上的想法都是要么模仿，要么添加一些新要素，要么把现有的想法进行新的组合而诞生出来的。美国广告界的大师级人物詹姆斯·韦伯·扬也在其著作《创意的生成》(*A Technique For Producing Idears*)中表示：“想法除了是对现有要素进行新的组合以外什么都不是。”

创意想法就是既有要素的重新组合

Village Vanguard	日本乐天（Rakuten）
书店 + 杂货店	购物中心 + 互联网

Live sense（Job sense）	我的西餐
招聘网站 + 按成果报酬收费	立席餐厅 + 法式西餐

建议

划时代的商业创意也有很多是将大家都知道的现有的商业要素组合而成的。把商业要素一一写在卡片上，在桌子上进行随机组合，说不定就会产生新的想法。

关于新的商业模式也是如此，如果能从现有的模式中得到启发，其就很容易构建了。如果模仿同行业其他公司的商业模式，可能会成为翻版，但如果应用跨行业的商业模式，就会成为崭新的架构体系。

也有人说“我们的行业是特殊的，应用跨行业的模式很难”，但不管是哪个行业的事例，只要提炼出抽象概念并将其进行重新考虑，就会变得容易应用。例如，把富山药品的模式提炼出“先把商品箱放在顾客所在区域，顾客想要的时候就可以买到的架构”，就会发现这个概念很容易应用在其他行业中。如果是食品快消行业的话，就会产生办公室里的格力高的模式。

本书第二章对各种类型的商业模式的解说，都提炼了每种模式的抽象概念，应该很容易参考，希望可以帮助大家在挖掘潜在需求时得到一些线索。

有效利用闲置的经营资源

通过利用闲置的经营资源，找出曾经认为无法解决的问题的解决方法，也是构建商业模式的典型方法之一。因为没有被使用的部分资源，一般来说可以相对廉价地进行利用，因此可以低成本地建立新的高品质的商业模式。

例如，大和运输在 1976 年开始快递业务的时候，为了能够低成本大量设置快递物品的收发站点，便与居民区卖米的店和卖酒的店进行合作，让这些便民店都成了自己快递的收发站点。因为原本这些便民小店也会给客人提供送货服务，所以只是顺便利用了这些小平台。这样一来，大和运输的快递业务很快就广泛地普及起来。

眼镜的销售网络平台 Oh My Glasses 为了给顾客提供线下视力检查和眼镜的调试，便和正在受低价 SPA 冲击而顾客不断减少中的实体眼镜店进行合作。

对于实体眼镜店来说，这样的合作正是雪中送炭的好事，也正因此，现在的实体合作店铺已经达到了日本1200家的规模。

另外，QB House 也是为那些想独立开店的美发师提供了平台，为客人提供了10分钟1000日元的服务。

此外，使用公司内部闲置资源的事例也不少。

例如，亚马逊就是使用了公司服务器的运营技术，开展了按时长租赁的云服务。据了解这个部门的销售额已经超过了1000亿日元。

另外，Times 24 利用100日元 Times 停车场的一部分空间，开始了汽车共享服务“Times Car Plus”，这样通过利用同一场所，也可以获取不同需求的顾客。

从步骤1中梳理出来的自己企业（自我）的经营资源中，思考一下是否还有可以利用的部分。

有效利用闲置资源的企业

我的西餐

立席餐厅。把店铺交给那些手艺被埋没的西餐主厨，为顾客提供便宜又好吃的高档西餐

Seven-Eleven

通过促进那些随着店主的老龄化的加快正在为配送服务所困扰的酒销售店业务转型，控制了开店成本并迅速实现了日本全国范围的发展

Niconico Rent Car

将那些在为销售水平下降和员工效率低而烦恼的加油站，作为租车公司的加盟店使用

一休 .com

仅专注于酒店里没有住满的空房间。如果是靠近住宿日期的时候预约，就可能实现廉价的住宿

建议

如上述例子一样，没有被应用而闲置着的经营资源有很多。想要找到它们的一个关键点是，关注陷入业绩低谷的行业和企业，其人才和设备过剩的可能性很高。

STEP

05

模拟测算能否盈利

Point

最低的初始成本、销售额、运营成本以及损益计算分叉点

首先，要进行最低限度的收支测算

如果已经构建出了具体的商业模式，在实际执行之前，则需要估算销售和成本等来验证其是否真的能够创造利润。要想全面验证，就需要制作损益表和现金流量表等报表，但是一般只要计算出最低限度的收支，就能知道相对应的商业模式是否有望执行了，之后再进行更细致的验证即可。最低限度的收支模拟测算中需要的数字指标如下页所示的三项。

收支模拟测算中需要的“数字”

项目启动费（初始费用）

项目启动费，包括办公室及店铺的押金和装修费、采购商品和消耗品的费用、广告宣传费、开业前的员工工资和水电费等

销售额

商品和服务的价格 × 预计销售数量，或者一天的客人数量 × 平均顾客单价 × 营业天数。以一个月为单位进行估算，可以计算出相对准确的收支

运营所需成本（运营成本）

有固定成本和变动成本。固定成本是房租和人工费等，与商品和服务的销售无关的费用。变动成本是指材料料费和外部采购费用、配送费等根据实际情况会增减的费用

建议

在进行收支模拟测算时，容易高估销售额而低估初始启动成本和运营成本。虽然是粗略的模拟测算，最好测算得更准确一些。

可以知道销售规模达到多少才能实现盈利的“盈亏平衡点”

如果测算出上述的三项指标数字的话，就可以粗略地知道是否能盈利，但如果想更准确地掌握，就需要计算出盈亏平衡点。

正如很多人都知道，盈亏平衡点是指利润和损失相抵恰好为零时的销售额，换句话说，即销售收入等于固定成本及变动成本等的总成本时的销售额。如果实际销售金额高于此销售额时，就可以有盈余。具体计公式可参考下一页。

可以说，盈亏平衡点越高，就是越难盈利的商业模式。自己企业的盈亏平衡点是高还是低，可以在网上参考上市公司或每个行业的盈亏平衡点，以做判断。要想降低盈亏平衡点，则需要采取提高价格（提高品牌价值）、减少固定成本、减少变动费用等方法。

盈亏平衡点指的是利润和损失相减正好为零的销售额。当销售额超过这个金额，就会产生利润

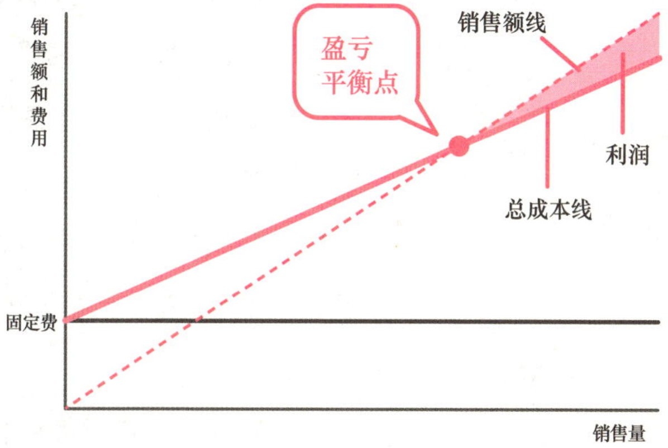

计算公式：
盈亏平衡点＝固定成本 ÷ 边际利润率(1- 变动成本 ÷ 销售额)
例如)
1 个月的销售额：500000 日元
固定成本：200000 日元
变动成本：150000 日元
200000÷(1-150000÷500000)＝285714 日元(盈亏平衡点)

建议

上述例子的固定成本增加50000日元，变成250000日元，变动成本减50000日元，变为100000日元。运营总成本不变，同样是350000日元，但盈亏平衡点就成了312500日元，增加了约27000日元。由此，我们可以知道减少固定成本是多么重要。

STEP 06

实际执行

Point 最后需要的是『勇气』和『志向』

▶真正实现和没有实现的人之间的差距，就是“做还是不做”

在步骤 4 中介绍了关于财务模拟测算的内容，但实际上无论哪种商业模式，只要不尝试，就不会知道其是否真的可行或不可行。

在进行了一定程度的模拟测算之后，需要做的便是试错运营。即使前期准备得稍微有些不充分，也最好去具体试着执行。在执行过程中出现了问题，及时修正就可以。

不断重复着尝试和试错，对创造出优秀的商业模式来说是不可或缺的。

但在现实中，很多企业都是只差最后一步实际执行的阶段而出现止步不前的情况。

例如，有一些虽然想用已经设计好的商业模式来创业但却很难迈出第一步的人。这类人大多是害怕承担失败时的巨大损失，所以容易在中途停下来，但是仅靠纸上谈兵的计算，是不可能创造出成功的商业模式的。

我们经常说，当一个人认为自己的商业模式是划时代的时，其实也有很多其他人都在考虑同样的事情。如果问实现和没有实现这个商业模式的人之间的差距是什么，那就只是有没有去做的区别。所以，哪怕只是尝试着做，迈出第一步是至关重要的。

成功与否的分界点就是“志向”

同时，在企业内部执行项目过程中，由于各方面的阻挠与反对，有时不得不中途停止。持反对意见的理由则是“会让自己部门的工作与顾客之间有冲突”“不想承担风险”“不想承担多余的工作”等。

在这种情况下，可采用“为了不给现有的组织带来麻烦，申请成立新公司”“跟关键决策人做好事先疏通”等方法。说服相关人或部门的方法有很多，但最重要的是你是否能说服他们，其决定性的因素是负责人想要做地意识到底有多强。再进一步说，就是“志向”：做这个事情，可以让很多人开心，无论做什么都一定要想办法实现！

“这个商业模式可以让人们的生活发生变化，能让我挑战一下吗？”

如果真心抱着这样“想为顾客和社会着想”的志向，就会遇见与自己有同感的人。如果这个共鸣的圈子变大，相信反对的人也会被打动。

最重要的是“志向”这一点，对创业者来说也是一样的。

日本的个人包裹快递曾经是全部委托给邮局的，但是小仓昌男却认为“因为不挣钱就不做，是没出息的表现。要去追求作为经营者的罗曼史”。因此，他一路披荆斩棘地挑战着国家的各种限制，最终实现了在人口稀少的地区，也能够次日送到的“宅急便”。

坚持怀揣“创造世上没有的东西，改变世界”的梦想，史蒂夫·乔布斯最终创造了 Mac、iPod、iPhone 等一系列的革命性产品。

真正实现了新商业模式的企业家们，大多都拥有“想帮助困难的人”“想要改善社会”“想改变世界”的远大志向。

正因为如此，他们才能不断地面对各种困境，其身边也聚集了很多的合作伙伴。

其实，步骤 2 的顾客需求的挖掘，如果没有“想让更多人开心”的志向，就很难真正看到顾客的真实需求。

虽说是“志向”，但也不需要多么夸张的东西。

“想让每天都接触的顾客更加开心。”

“想帮助那些有困难的人。”

自己真正的想法是什么？这样自问自答，自我思考，是构建优秀的商业模式的第一步。

结 束 语

解决社会问题才是真正的商业模式

现在的日本正是构建商业模式的时代，现有的产业结构也正面临着巨大的变化。

正如本书提到的，在其背后是全球化的发展、互联网的快速普及和人口老龄化等经济、技术、社会结构的变化。

当环境有了大的变化时，商业的存在方式也需要相应地改变。不仅是经营方法，商业的实质内容也不得不改变。

在这样的时代出版这本书，我们认为这是一个非常适时的计划。本书列举了各种各样的事例，内容简单易懂，便于读者理解。

对于那些在任职企业想要开拓新业务的人，还有正在摸索风险创业的人来说，这本书应该是可以首先入手的参考书。

在本书中，我们提到了发现“尚未被满足的需求”以及“尚未被利用的资源”的重要性。

这两者在经济学领域被称为“不均衡”，即是社会的潜在课题。

这样的社会问题的解决，正是我们希望大家在构建商业模式时需考虑到的关键点。

我们认为能为社会做贡献的商业，才会真正为自己带来利益。

池本正纯